ENTREPRENEUR AU FÉMININ

LÉA LASSARAT

AVEC AMÉLIE BONTÉ

Sous la direction de Frédéric Veille

City
Témoignage

Retrouvez tous les titres City Editions :

www.city-editions.com

© City Éditions 2024
Photo de couverture : @Laure Veille
ISBN : 978-2-8246-2354-2
Code Hachette : 76 5112 2
Collection dirigée par Christian English et Frédéric Thibaud
Catalogues et manuscrits : city-editions.com

Dépôt légal : Mai 2024

Sommaire

Introduction

« Léa, qu'est-ce que tu veux faire quand tu seras grande ? »

À cinquante-deux ans, pas facile de me remémorer ce que j'ai pu répondre à cette question. Évidemment, comme tous les enfants, on me l'a posée des centaines de fois. Évidemment, comme beaucoup de petites filles, j'ai voulu être maîtresse d'école. Ce n'est certainement pas un hasard si aujourd'hui j'ai créé « La Grande École ».

Je suis cent pour cent normande, je suis même d'abord Havraise puis normande ! Je suis née, j'ai grandi et je vis dans cette ville que j'affectionne tant. Bien que, pour ma carrière professionnelle, j'aie énormément voyagé dans le monde entier, je suis très attachée à mon ancrage local, au Havre. Je suis très fière de ma ville, je la trouve stimulante pour entreprendre.

Dès mon plus jeune âge, j'ai su entraîner les autres avec moi, cette appétence pour fédérer semble avoir toujours été présente. Pendant de nombreuses années, je me suis investie en tant que déléguée de classe et mon entourage me surnommait « commandante » ! Il est vrai que je suis une personne directe, dynamique, pleine d'énergie, avec une idée à la minute. Parfois, j'ai bien conscience que cela peut être compliqué pour mon entourage et mes équipes de collaborateurs. Cela dit, cet entrain et cette positivité me guident quotidiennement, me font avancer et me permettent d'aller plus loin. À travers ce livre, j'ai à cœur de vous faire découvrir ma personnalité, mon parcours, mes idées afin que vous y puisiez ce dont vous avez besoin pour vous inspirer et peut-être, je l'espère, oser vous lancer, oser le changement, oser l'ambition.

1

Des aventures familiales

Je compte au moins neuf déménagements les dix-huit premières années de ma vie, de quoi forger l'adaptabilité. Quand j'avais une dizaine d'années, nous vivions à Rogerville, à quelques kilomètres du Havre, en pleine campagne, dans une maison baptisée « La Renardière » qui était pour moi tout à fait convenable, mon petit paradis. « Un taudis », me dit pourtant Maman aujourd'hui !

La bicoque était faite de tôle ondulée jaune et verte, elle était très simple, mais mes parents l'avaient aménagée de manière confortable. Papa a toujours été un sacré bricoleur, il a appris tout seul l'électricité, la plomberie, le placo. Il était tellement bricoleur et pragmatique que si Maman se plaignait de ne pas pouvoir profiter de l'ambiance dans le salon quand elle était en cuisine,

Papa prenait tout simplement sa scie sauteuse et faisait un trou dans la cloison en forme de passe-plat : « Voilà, comme ça tu es avec nous ! » Dans cette maison, nous avions trois petites chambres : une pour mes parents, une pour mon frère cadet et une pour moi qui était rose du sol au plafond ! Je m'y sentais bien. Mes parents avaient aménagé le jardin avec un bac à sable et nous avions de nombreux animaux : des poules, trois chiens, quatre chats, des oies et Blanchette la chèvre qui venait réclamer son petit déjeuner le matin. La maison était située en haut d'une colline, à quelques minutes à pied d'un chantier de ferraille marine appartenant à mon grand-père maternel. Papa en avait la gestion et je me souviens y avoir passé des heures à jouer parmi les tubes de ferraille alors que, bien évidemment, c'était strictement interdit.

L'autre chantier familial, celui-ci géré par Grand-père, se situait quartier des Neiges au Havre. Un quartier populaire à l'époque, très animé avec une rue principale, de nombreux commerces, proche de la centrale EDF et ses fameuses cheminées hautes de deux cent quarante mètres. L'accès aux Neiges n'était pas évident, depuis le centre-ville il fallait franchir des ponts qui étaient régulièrement en manœuvre pour laisser passer les cargos.

Grand-père avait hérité d'un terrain et du chantier dans ce quartier où se trouvait aussi leur maison. Tous les soirs ou presque, il attendait le retour des biffins, des jeunes et moins jeunes revenaient de la décharge et exposaient tout ce qu'ils avaient trouvé en petite ferraille et chiffons. Après avoir pesé leurs trouvailles, ils repartaient avec quelques billets. La maison de mes grands-parents étant juxtaposée au chantier, cela m'a valu à plusieurs reprises d'avoir une bonne excuse pour être en retard à l'école qui était située en centre-ville. Mais ce n'est pas pour ça que j'aimais tant aller chez eux… J'ai de merveilleux souvenirs de parties de rami endiablées et de soirées à commenter les passages des chanteurs de *Champs Élysées*, l'émission du samedi soir animée par Michel Drucker. Et surtout, les longues et intenses conversations avec Grand-mère où nous parlions de tout, j'avais l'impression d'être une grande. Janine était une sacrée personnalité, une femme très belle, née dans une famille pauvre avec une volonté incroyable d'apprendre, de se cultiver, ce qu'elle a largement réussi à faire. N'ayant pas l'argent nécessaire étant jeune pour s'acheter des livres, elle les volait ou les récupérait dans les poubelles.

Ainsi, elle avait déniché un dictionnaire *Petit Larousse* qui est resté sur sa table de chevet toute sa vie, dont elle a lu chaque page, je l'ai d'ailleurs récupéré et je le chéris tendrement. J'ai la chance d'avoir eu une grand-mère très jeune (elle avait trente-neuf ans quand je suis née) et cela m'a permis de voyager avec elle, en Auvergne, à Jersey, sans compter nos nombreux week-ends parisiens où j'étais toujours très gâtée. C'était pour elle l'occasion de m'intéresser à l'Art. Nous allions dans les musées, voir les monuments, le cimetière du Père-Lachaise. Je me souviens du peu d'enthousiasme que j'ai manifesté à aller visiter le musée Picasso. Au bout de cinq minutes, je lui ai dit : « Grand-mère, c'est bon, j'ai tout vu, on peut partir », et elle m'a répondu « moi je commence tout juste, petite bézote, on va faire le tour ensemble ». Ce jour-là, elle m'a expliqué chaque tableau avec ses mots, elle m'a raconté l'histoire du peintre et j'ai passé un moment inoubliable.

Au Havre, pour les chantiers de Grand-père, elle se chargeait de certaines tâches administratives, mais il n'était pas question qu'on lui impose quoi que ce soit ou même les horaires. Elle aimait avoir cette liberté. Souvent, elle me missionnait pour apporter des choses à mon grand-père ou bien pour lui transmettre un message. Alors, je m'engageais dans l'allée et j'arrivais sur ce chantier aux odeurs si particulières. Je sens encore les effluves de ferraille et de grenaille mêlées aux huiles de moteur quand je me dirigeais jusqu'au bureau de Grand-père. À l'intérieur, je me souviens qu'il y avait un imposant bureau pour lui et un tout petit pour sa secrétaire. Grand-père était aussi un homme de caractère, il était grand, très brun avec de très belles moustaches et des yeux rieurs. Il avait toujours une canne pour marcher, car ayant eu une naissance longue et compliquée, cela avait entraîné une paralysie du côté gauche de son corps. Une situation qui lui valait de négocier avec un petit garagiste du coin un aménagement bien particulier de l'intérieur de sa voiture, de façon à ce qu'il puisse passer les vitesses malgré son handicap. Faire un trajet en voiture avec lui relevait de l'aventure. Je devais m'accrocher à lui, car de temps en temps, les portes qui tenaient avec des fils de fer s'ouvraient toutes seules. Grand-père était également diabétique, mais il adorait les sucreries, nous devions donc user d'un fin stratagème pour défier la surveillance de Grand-mère pour nous régaler de bonbons. Que de rigolades !

J'ai toujours été admirative de le voir tant aimer la vie et d'être si positif malgré sa santé capricieuse et ce corps souvent douloureux. Il était si généreux et aimait rendre service à ses amis dans le besoin, ce qui lui valait les remontrances de Grand-mère : « ne t'inquiète pas : quand on va récupérer tout cet argent, on sera riche ! » lui répondait-il. Sur ce chantier et chez mes grands-parents, j'étais chouchoutée. Tout le monde était d'une grande gentillesse avec moi, je m'y sentais comme une princesse. André, l'un des ouvriers, m'a particulièrement marquée, avec son physique atypique. Il avait un énorme double menton que je revois encore aujourd'hui en repensant à ces moments passés quartier des Neiges. Le chantier avait beau être un endroit dangereux et sale pour une fillette, j'aimais y passer régulièrement. Mes parents m'y conduisaient en voiture ou bien je prenais le bus. C'était toujours pour moi un moment agréable.

***

Ainsi, j'ai toujours accompagné mes grands-parents et mes parents « à leur travail » comme beaucoup d'enfants de commerçants d'ailleurs. Quand j'ai eu six ans, Maman a ouvert une boutique au Havre, Le Nautilus, situé rue du Président-Wilson, près du square Saint-Roch. À l'origine, le magasin regorgeait d'antiquités marines, de fossiles et de minéraux. Mes parents étaient des spécialistes de fossiles et pierres taillées. Une passion commune qui a entraîné la famille entière sur les routes de Normandie et de France. Les week-ends ou pendant les vacances scolaires, mes parents nous embarquaient mon frère et moi en camping-car. Papa repérait sur les cartes géologiques les champs propices à la recherche de fossiles ou bien nous nous rendions dans des carrières de craie privées, ce qui, un jour, nous a valu une belle frayeur. Nous étions dans la carrière et nous nous sommes fait tirer dessus par un garde avec son fusil, évidemment nous n'avions pas le droit d'être sur cette propriété privée. Je garde aussi en mémoire cette hache, une pierre préhistorique que j'avais moi-même déterrée lors d'un de ces périples. Papa l'avait mise sur socle et Maman l'avait ensuite vendue au Nautilus. J'étais dans l'arrière-boutique quand l'acheteur a sorti le billet de cinquante francs de sa poche. En y repensant, je revis cette fierté qui était la mienne. J'adorais passer du temps dans la boutique, que ce soit dans la cave aménagée avec de la moquette au sol pour faire mes devoirs, ou bien à aider pour faire les paquets cadeaux. Petit à petit, la boutique a évolué et, surtout, elle ne désemplissait pas. Aux fossiles et antiquités marines se sont rajoutés les bibelots, les bijoux fantaisie et les meubles que Papa ramenait d'Angleterre.

***

Régulièrement, il partait outre-Manche négocier de la ferraille pour le chantier. Environ trois fois par an, il m'emmenait avec lui. L'aventure commençait la nuit sur le port du Havre, lorsque nous chargions un camion vide à bord du ferry. Ces voyages étaient devenus des rituels. Nous dormions dans la partie inférieure du bateau, celle réservée aux routiers. Nous montions à l'étage pour dîner et c'est souvent là que Papa sortait sa trousse remplie de petites pièces de monnaie en livres sterling. Il l'avait toujours avec lui lors de nos périples. Avec cet argent en espèces, Papa payait les repas et les jeux sur le ferry comme des parties de flipper ou de *Pac-Man*. Au petit matin, nous débarquions à Southampton et filions vers le nord de l'Angleterre, là où se trouvaient les plus gros brocanteurs du pays. Nous passions des heures sur les routes. Oxford, Newark, Leeds, sans GPS à l'époque bien sûr, c'est ainsi que j'ai appris à lire les cartes Michelin. Pour rentabiliser le voyage, il fallait remplir au maximum le camion avant de repartir trois jours plus tard. D'ailleurs, chaque chargement s'apparentait à un exercice de haute voltige. Papa était le roi du « Tétris », quand tous les meubles ne rentraient pas, il déchargeait tout et recommençait, cela prenait des heures et des heures.

À chaque entrepôt où nous nous arrêtions, je devais patienter de longues heures dans le froid glacial, évidemment sans téléphone portable ni Internet. Près des entrepôts, il n'y avait pas grand-chose à faire pour une adolescente ! Parfois, les antiquaires locaux m'apportaient un chocolat chaud et je pouvais m'installer dans l'entrepôt, dans un bureau exigu surchauffé par un petit radiateur, l'attente y était un peu plus supportable. Et puis, venait le moment de repartir vers le sud, direction Southampton pour reprendre le ferry. Avant d'embarquer en fin de soirée, nous allions au cinéma voir des films en anglais auxquels je ne comprenais rien. Une fois, plutôt que le cinéma, pour me faire plaisir, Papa m'a emmenée à la fête foraine, un très mauvais souvenir. Nous étions tous les deux dans un manège à sensation quand la barre de protection du wagon s'est ouverte. Je ressens encore la frayeur de ce moment où mon père m'a attrapée et retenue à bout de bras, laissant tomber dans le vide tout le contenu de ses poches : argent, papiers, clés, etc.

Ce n'est certainement pas un hasard si aujourd'hui je déteste les manèges ! Fort heureusement, nous allions plus régulièrement au cinéma avant de reprendre le ferry vers vingt-trois heures. Une fois débarquée au Havre, le lendemain matin, Papa conduisait le camion plein à craquer devant la boutique de Maman. Garé en double file, il ouvrait les portes et n'avait même pas le temps de décharger les meubles dans le magasin. Tout se vendait « au cul du camion » comme on dit, je revois encore la foule des acheteurs à l'aube devant le Nautilus. Je chéris les souvenirs de ces moments de complicité avec Papa en Angleterre : apprendre à pêcher à la ligne, manger des toasts grillés avec du beurre salé, ce sont mes Madeleines de Proust.

***

Mes parents ont toujours énormément travaillé dans leur vie. Je les admire. Ils m'ont presque tout appris et, évidemment, je leur dois beaucoup. Pourtant, ils n'étaient pas destinés à être entrepreneurs à succès. Ils n'avaient pas fait d'études ou très peu. Maman a eu son diplôme d'esthéticienne « mention anglais » et Papa m'a raconté ne pas s'être présenté le jour du bac, car son réveil aurait oublié de sonner. Cela ne les a pas empêchés de très bien réussir professionnellement. J'ai toujours été captivée par leurs conversations à propos de l'entreprise familiale et je n'hésitais pas à m'en mêler d'ailleurs. J'adorais partager ces moments avec eux au sein des locaux, que ce soit sur le chantier ou plus tard dans les bureaux d'Interior's. Alors, certes, parfois je n'avais pas trop le choix, mais pour moi, cela reste d'excellents souvenirs. Quand j'étais adolescente, tous les étés, je travaillais avec eux. Je remplaçais la secrétaire de Papa et je faisais pas mal d'erreurs, je m'emmêlais les pinceaux dans les prises de rendez-vous ou les télex à envoyer ! C'est ainsi que j'ai appris « sur le tas », comme on dit. Mes parents prenaient beaucoup de plaisir à me montrer toutes sortes de choses parce que je m'y intéressais, ce qui était moins le cas de mon frère, l'artiste de la famille. Cela dit, mon frère Victor avait aussi la fibre commerciale. Je me souviens très bien de ce jour où il a vendu tous mes jouets. À l'âge de huit ans, il avait participé à un vide-grenier de quartier, en guise de stand il avait placé une nappe au sol près du square Saint-Roch, à quelques centaines de mètres de la boutique de Maman, et y avait installé notamment mes Playmobil. J'ai découvert l'affaire, car sa photo a fait la Une du journal local. Manifestement, il avait fait de très bonnes ventes.

Mes parents étaient de gros bosseurs qui n'avaient rien au départ, mais grâce à leur courage, à leur intelligence et à un peu de chance, ils ont construit au fil des ans une très belle PME. Beaucoup ignorent que mes parents ont connu quelques fins de mois difficiles et la visite des huissiers qui inventoriaient nos biens pour régler des factures impayées. « Il y a l'huissier qui va venir, mon cœur, je ne suis pas là, je suis à Paris au salon de la bijouterie, tu ne t'inquiètes pas et tu gères ! » Voilà ce que me disait Maman. C'est un souvenir qu'on ne peut pas oublier quand on se lance, à son tour, dans l'entrepreneuriat. Il est arrivé que mes parents nous annoncent devoir arrêter de nous verser notre argent de poche mensuel le temps que « ça aille mieux » ou encore de devoir manger des pommes de terre pour le dîner, faute de mieux. Même si cela créait une petite révolution dans la maison, cela m'a appris la valeur de l'argent. Depuis mon plus jeune âge, parler argent n'est donc pas un tabou. Même si, aujourd'hui, grâce au fruit de notre travail avec mon mari Didier, notre famille ne manque de rien, je suis toujours très attentive aux dépenses et à ne rien gaspiller. J'aime bien dire que c'est mon côté « fille de commerçants ». Au bout de quelques années, le travail et l'audace de mes parents ont payé. Maman a vendu sa boutique, Papa le chantier de ferraille et ils ont créé Interior's, une entreprise d'ameublement.

Rapidement, le succès de leur PME nous a permis une vie beaucoup plus confortable.

***

Quel adolescent ne rêve pas de pouvoir profiter d'un appartement sans la présence des parents ? C'était mon cas et j'en abusais largement. Nos différentes adresses, et en particulier le 18, rue de Sainte-Adresse au Havre, étaient les points de ralliement des copains. Mes parents travaillant beaucoup, j'étais une adolescente très autonome. Un sentiment de liberté renforcé par l'acquisition de ma première mobylette, une Ciao bleu marine. À seize ans, j'avais dû négocier pour l'avoir et en contrepartie je devais fournir de bons résultats scolaires. Ce qui n'était pas toujours le cas. J'étais également une adolescente très fêtarde. Fréquemment, j'imitais la signature de mes parents sur les mots d'excuse pour justifier mes retards, en réalité je m'étais couchée bien trop tard, ou bien je n'avais pas envie d'aller en cours de sport, car je n'ai jamais été une grande sportive. Je pense que mes tantes sont décédées au moins trois fois chacune. Quand mes parents ont découvert la supercherie, c'est-à-dire quand le lycée les a appelés directement, je me suis fait remonter les bretelles ! Je déjeunais avenue Coty avec ma meilleure amie et je me souviens encore de l'effroi qui m'a envahie quand j'ai vu Papa descendre les marches du restaurant pour venir me chercher et me ramener à la maison en plein milieu de la journée alors que je savais qu'il devait être au travail ! À l'école, j'ai toujours fait ce qu'il fallait pour passer dans la classe supérieure, parfois avec plus ou moins de brio. J'ai souvent fréquenté le bureau des directeurs, notamment celui de Mlle Legall, la sévère directrice du lycée François 1er. Non pas parce que je perturbais les cours, même si cela m'arrivait, mais parce qu'en tant que déléguée de classe, je devais négocier un peu trop manifestement. Quand j'ai obtenu mon bac, comme beaucoup d'adolescents de province, j'avais cet appel de la capitale. J'ai quitté Le Havre pour Paris en 1991, pour faire ma rentrée dans une école de commerce, MBA Institute. Le jour de l'oral, je me suis retrouvée face à trois hommes plutôt taquins, j'avais à peine dix-huit ans, j'étais impressionnée. On m'a demandé de donner la liste, dans l'ordre, des présidents de la Cinquième République, ce que je n'ai pas su faire. En revanche, l'un des membres du jury a par la suite pris deux bouteilles d'eau de marques différentes qui étaient posées sur la table et m'a demandé de lui vendre la meilleure eau. Là, j'étais dans mon élément et à la fin de mon argumentaire, je me souviens très bien qu'il m'a regardée, interloqué : « Elle est vraiment meilleure, celle-là ? » Ce jour-là, j'ai obtenu un vingt sur vingt à l'oral. Une fois intégrée à l'école, c'est en réalité sans grande conviction que je commence mes études. Cette partie va d'ailleurs être très courte puisque je n'ai jamais terminé ma première année dans cette école. En réalité, c'était une évidence que je rentrerais dans l'entreprise familiale d'ameublement, Interior's. Cela dit, je voulais connaître la vie d'étudiante, d'où mon investissement minimum pour intégrer une école de commerce parisienne. Mes parents, eux, ne voyaient pas trop à quoi cela allait me servir. Ainsi, j'ai commencé l'école en septembre 1991, j'ai bien profité des avantages d'une vie parisienne et, quelques mois plus tard, en janvier 1992, mon père me dit : « écoute, ça ne sert à rien, l'école ». Ce moment de vie coïncide avec le départ de Didier, mon petit ami, en Angleterre. J'étais amoureuse, c'était – aussi – une évidence qu'il allait devenir mon mari, alors je l'ai suivi. J'ai abandonné l'école parisienne pour, à vingt ans, m'expatrier et monter la filiale britannique d'Interior's, l'entreprise d'ameublement que mes parents avaient finalement créée, à force de ramener des meubles de l'autre côté de la Manche !

***

À vingt ans, bien que considérée comme jeune adulte, j'étais en réalité un bébé. Cela dit, mes parents me donnent l'opportunité de partir à l'étranger pour développer la filiale britannique de l'entreprise familiale.

Je me retrouve en Angleterre, dans un pays que ma famille affectionne, mais je parle très mal anglais, j'ai un niveau de terminale. Juste avant mon départ, je me rendais régulièrement dans les locaux d'Interior's, boulevard Jules Durand, en pleine zone industrielle du Havre. C'est là que j'y ai créé le nom de la filiale « Country Corner » et le logo que j'ai dessiné moi-même. Je connaissais un peu l'Angleterre pour y être allée régulièrement avec Papa et l'été précédent chez un couple d'amis pour, justement, améliorer mon anglais afin de passer mes examens pour l'école de commerce. Mais cette fois, j'étais seule. Certes, j'avais suivi Didier, mon amoureux, mais nous vivions à deux cent trente-quatre kilomètres l'un de l'autre. Lui, installé à Manchester pour son service de la coopération ; moi, installée à Bath, là où vivait le couple d'amis chez qui j'avais séjourné l'été précédent. C'est d'ailleurs grâce à eux que nous avions trouvés, mes parents et moi, un entrepôt de stockage pour les meubles. Dans cet entrepôt d'environ six cents mètres carrés, tout au fond, nous avions installé un container de dix-sept mètres carrés en guise de bureau avec deux petites fenêtres. Qu'est-ce que je m'y sentais bien ! Il était cosy, avec de la moquette au sol, les murs peints en jaune, une couleur que j'apprécie particulièrement. Il y avait mon ordinateur, mon fax, pour cette filiale que j'avais créée, j'étais si fière ! Mes parents, pas très rassurés de me savoir seule, avaient tenu à faire un premier voyage pour me trouver un appartement. En quelques jours, ils m'avaient installée dans un superbe endroit. Un lieu incroyable, au dernier étage d'un petit immeuble très british avec des fenêtres à guillotine. C'était dans un quartier résidentiel, avec vue sur la verdure du golf, à dix minutes à pied du centre de Bath. Un appartement très chic et cosy dans lequel nous avions fait venir mes meubles de France, afin que je ne sois pas totalement dépaysée.

Sur place, j'avais acheté deux magnifiques canapés à fleurs jaunes de la marque Laura Ashley, que j'affectionnais particulièrement. Pour mes déplacements, mes parents avaient choisi un véhicule utilitaire dans lequel je transportais des meubles à l'arrière. C'était surtout parce que l'année précédente, quand j'avais obtenu mon permis au Havre, j'avais eu un accident de voiture avec la Mini qu'ils m'avaient achetée. Là, ils étaient rassurés de me savoir avec une voiture plus grosse, dans un quartier sécurisé, car je rentrais seule, souvent tard le soir après mes journées de travail à l'entrepôt.

Enfin, je n'étais pas tout à fait seule dans cette aventure anglaise. J'avais un fidèle compagnon, un schnauzer géant noir nommé Happy. J'ai toujours eu des chiens dans ma vie, c'était donc normal pour moi d'être accompagnée. Happy était tout le temps avec moi, je l'emmenais à l'entrepôt, au bureau, lors des rendez-vous clients… Mais mes voisins n'appréciaient pas vraiment sa présence. D'une part, parce que les Anglais n'aiment pas du tout voir de gros chiens dans des appartements. Ils considèrent sûrement que c'est une forme de maltraitance. D'autre part, Bath étant une ville très *posh*, mes voisins me mettaient régulièrement des courriers dans la boîte aux lettres me signalant, entre autres, la gêne que cela occasionnait pour eux. De plus, Happy avait l'habitude de s'installer en posant ses pattes sur le rebord de la fenêtre entrouverte pour observer le quartier. Un jour, je rentre chez moi après quelques courses et je vois dans ma rue des pompiers qui tiennent un grand drap. Ils sont en train de demander à mon chien de sauter par la fenêtre ! Je n'ai jamais su si mes voisins craignaient pour mon chien ou s'ils voulaient s'en débarrasser. Toujours est-il que ce jour-là, j'ai eu une amende. Cet épisode fut la goutte d'eau qui a fait déborder le vase. Malgré mon affection pour ce bel appartement, j'ai pris mon chien et j'ai déménagé dans la campagne anglaise à Marksbury.

J'ai trouvé une charmante maison en pierre, le même modèle que celle du film *The Holidays*, une de mes plus belles maisons je dois dire. La cuisine était très grande, environ quarante mètres carrés, le salon plus petit avec une cheminée. Mes canapés Laura Ashley étaient parfaitement intégrés au décor, cet endroit était une pépite, à l'écart, avec une jolie terrasse et aucune barrière. Mon chien pouvait y gambader sans souci.

J'étais bien dans ce nouvel environnement, sereine. Évidemment, Maman était folle d'inquiétude de me savoir toute seule à la campagne. Ainsi, pour les rassurer, mais aussi pour me rassurer moi-même, j'appelais mes parents le soir et je leur jouais des morceaux de piano en leur demandant leur avis. Alors, très patiemment, ils m'écoutaient et me répondaient « oui oui, c'est très bien, ma chérie » !

J'ai passé deux ans en Angleterre. Deux années intenses et riches en émotion. J'ai beaucoup pleuré ! Les Britanniques m'en ont fait voir de toutes les couleurs, et pourtant ce fut une expérience extrêmement formatrice. Les débuts de cette filiale anglaise étaient très euphorisants, mais aussi très durs. J'ai enchaîné les salons professionnels, au départ avec un petit stand. Je me rappelle parfaitement mon premier salon professionnel à Birmingham. Les commandes avaient afflué et la veille de l'expédition, mon transporteur a annulé sa venue. Je venais de passer une journée éreintante.

Avec mes deux salariés, nous avions chargé des dizaines et des dizaines de caisses de meubles. Je me revois, seule, dans mon entrepôt à minuit en train de pleurer et de me demander « Mais qu'est-ce que je vais devenir ? » Évidemment, j'ai fait face, bien que j'ai mis quelques jours pour trouver un autre transporteur. J'étais dans un état de stress intense, car je savais que mes clients attendaient leur livraison de meubles qui, de fait, était en retard. Au fur et à mesure, les commandes se sont enchaînées et le succès est arrivé. J'étais fière du travail accompli : trouver un entrepôt, dessiner le logo, recruter, trouver des transporteurs… J'ai adoré sillonner l'Angleterre avec mes camions. J'ai appris à parler l'anglais business, en négociant avec toutes ces personnes. Quand on n'a pas le choix, finalement on s'adapte. Au bout de quelques mois, Didier, qui s'ennuyait à Manchester, a été muté en Arabie Saoudite. Loin de moi et de mon chien. À ce moment-là, mes parents inquiets pour moi et qui savaient bien que j'étais amoureuse m'ont dit « Es-tu sûre que c'est le bon ?! » Finalement, je suis rentrée en France, non pas pour me séparer de lui, mais pour l'épouser. Puis, j'ai pris des responsabilités dans l'entreprise Interior's depuis ma ville natale, Le Havre. La filiale anglaise Country Corner's a continué sans moi et je l'ai finalement fermée quelques années après. J'ai été profondément marquée et forgée par cette expérience incroyable en Angleterre.

Une fois en France, j'ai expérimenté tous les métiers de l'entreprise : attachée de presse, responsable qualité, chef d'atelier. Le fait de passer par différents postes dans l'entreprise m'a toujours attirée. Cela va de pair avec mon caractère. Je me suis construite comme ça, mais je ne pense pas que, pour être un bon entrepreneur, il faille passer par tous les échelons de l'entreprise. Par exemple, les start-uppers ne le font pas, mais réussissent tout autant si ce n'est mieux ! J'ai sûrement compensé par le terrain, n'ayant fait que très peu d'études. Au fil du temps, mes parents m'ont fait évoluer dans l'entreprise familiale. J'ai pu créer la branche décoration d'Interior's qui, à l'origine, n'était qu'une entreprise d'ameublement. J'en ai pris la direction commerciale à vingt-six ans, il y avait alors huit magasins en France. Quand j'ai quitté l'entreprise, il y en avait soixante dans le monde. Papa a continué de m'accompagner, de me former, il m'a appris à faire des plans, à dessiner des meubles. En revanche, mon côté créatif me vient sans nul doute de Maman, une véritable reine de la déco selon moi. Elle m'a vite délégué pas mal de choses, notamment le management qui ne l'intéressait plus, pour se consacrer au développement des collections décoration qui étaient exposées deux fois par an.

Durant cette période, j'organise alors les séminaires avec quarante directeurs de magasins, des animations, des formations… Je mets aussi en place la stratégie marketing qui n'existait pas et je voyage en permanence en Chine, en Inde et dans toute l'Europe, pour acheter des objets de décoration et trouver de bons fournisseurs capables de fabriquer les collections que nous avons conçues nous-mêmes. Nous voyageons, Maman et moi, et ces moments sont parmi les plus précieux de ces vingt années passées chez Interior's. Que de fous rires et une énorme dose de complicité. Chaque année, j'aime ce mois passé ensemble lors de ces voyages. Maman me transmet, comme elle l'a toujours fait, son optimisme et sa joie de vivre. Elle a toujours été et reste encore aujourd'hui, bien entendu, mon rayon de soleil. J'ai également effectué de nombreux allers-retours au Vietnam, où Papa, toujours très visionnaire, avait monté des usines de toutes pièces pour manufacturer nos produits. À trente ans, dix années après avoir rejoint l'entreprise familiale, je deviens directrice générale. Quelques années plus tard, beaucoup de choses changent. Une mésentente s'installe entre Papa et moi à propos de décisions internes concernant la gestion des collaborateurs qui ne me correspondait plus. Je ne me sentais plus à ma place, je ne m'épanouissais plus et j'ai compris qu'il fallait que je parte. Rajoutez à cela le fait que mes parents étaient sur le point de se séparer, l'ambiance familiale n'était plus du tout la même. Ainsi, je donne ma démission, Papa fait tout pour que je reste, ce que j'ai fait deux ans et demi de plus, mais finalement j'ai quitté Interior's en 2011. Fin de l'aventure, la coupure est nette, mais non sans douleur. C'est certainement la décision la plus difficile que j'ai eu à prendre, car j'aimais mon poste, mes équipes, j'y avais de nombreux avantages ; cela dit, les paramètres avaient changé et la flamme de l'entrepreneuriat grandissait en moi.

2

Mon aventure entrepreneuriale : de la déco à la cuisine

À ce moment de ma vie, je suis mariée à Didier Lassarat, un nom bien connu au Havre. Il s'agit d'une grande famille avec différentes branches dont beaucoup d'entrepreneurs de talents sont issus. C'est sûr que quand j'étais jeune adulte, que mon petit copain s'appelait Lassarat, je me vantais un peu bêtement. Je sais que certains pensent que tout a toujours été facile pour nous, pour moi. Ils imaginent que je suis née avec une petite cuillère en argent dans la bouche, or ce n'est pas le cas. Les Lassarat sont ma famille d'adoption, je suis née Le Broussois. Mon mari a huit frères et sœurs et nous avons tous minimum trois enfants, alors les cousinades sont gigantesques ! Nous sommes tous très proches, il y a beaucoup de bienveillance dans cette grande et belle famille et je me suis toujours sentie très soutenue par eux. Mon beau-père était entrepreneur, ma belle-mère ne travaillait pas, enfin dans le sens où elle n'avait pas de métier, car avec neuf enfants, elle a sûrement autant travaillé que son mari. Mon beau-père ne parlait jamais de son travail ; en revanche, il m'a beaucoup interrogé sur le sujet. Il était curieux et trouvait cela formidable d'avoir une belle-fille qui bosse autant !

J'ai rencontré mon mari Didier à l'âge de dix-sept ans. Il est le frère de ma meilleure amie. J'ai donc passé beaucoup de temps chez elle, au cœur du fief familial à Saint-Jouin-Bruneval, sur la côte d'Albâtre. Je venais régulièrement les week-ends dans cette magnifique et immense chaumière située dans un parc arboré de plusieurs dizaines d'hectares. De fil en aiguille, avec Didier nous sommes tombés amoureux. Cela fait trente ans que nous sommes mariés et que nous formons un couple solide et complémentaire. Didier a toujours été mon pilier, mon mentor. Je sais que sans lui, sans son soutien, son oreille attentive, ses conseils d'entrepreneur à succès, je n'en serais pas là où je suis aujourd'hui. Nous nous faisons progresser mutuellement. Quand l'un ne va pas bien, l'autre est là pour l'épauler et c'est, je crois, une réelle force quand on est entrepreneur. D'ailleurs, nous le sommes tous les deux, mais pas du tout dans le même style. Moi, je parle boulot tout le temps parce que j'ai été élevée comme ça. Quand j'étais petite, à la maison, à table, le travail était omniprésent : « Tiens, je n'ai pas fait la caisse aujourd'hui... » tandis que chez Didier, il y avait une vraie séparation, c'est donc lui qui freine mes ardeurs : « Bon, on va parler d'autre chose maintenant. » Nous n'avons pas été élevés de la même façon, Didier a été en pension très jeune puis a fait ses études à Sciences Po Paris. Il s'est vite rendu compte que le salariat n'était pas fait pour lui, il a donc suivi les traces de son père et s'est lancé dans l'entrepreneuriat en rachetant un premier hôtel, à la barre du tribunal. Petit à petit, j'ai investi avec lui tout en développant mes autres projets. Nous formons un réel duo, ensemble en permanence, bien que nous ayons une vision différente de nos métiers ; mais une chose est certaine, Didier a toujours été mon premier soutien.

***

Après avoir démissionné d'Interior's, je me retrouve à quarante ans à ne pas savoir quoi faire de ma vie. Cela dit, je sens grandir cette flamme, une envie d'entreprendre par moi-même. D'ailleurs, mes parents ne l'ont pas vraiment comprise : « Mais Interior's, c'est un peu comme ta boîte », me disaient-ils. Me voici donc, après ma démission douloureuse, sans projet. À ce moment-là, je ne ressens pas d'angoisse du vide, je suis dans l'instant présent, car je sais que les choses vont forcément évoluer. Je prends donc six mois où je n'ai rien fait, enfin où je n'ai rien fait « à la Léa ». Tout d'abord, je ressens le besoin de me vider la tête car, au bout de vingt années chez Interior's, j'ai quand même dû faire mon deuil. Pendant cette période de ma vie, je n'ai pas eu le temps de me poser cette question : « Qu'est-ce que je fais si tout s'arrête ? » En effet, mon quotidien était très rythmé, j'étais une réelle dingue de boulot, je me levais à 5 h 30, repartais du bureau à 22 heures, voyageais partout dans le monde, dirigeais mille personnes. Alors là, me voilà à avoir le temps de réfléchir. Durant cette période de transition, mes proches me rappellent : « Cela fait un moment que tu nous dis que si tu avais le temps, tu ouvrirais un resto. » L'idée fait son chemin, un peu plus encore. Quelques années auparavant, j'avais investi avec mon mari dans l'hôtellerie, notamment en faisant la décoration autour de nos établissements, mais je n'y connaissais rien de plus au milieu de la restauration.

Pendant cette année de transition, j'en profite pour me rendre à Nice, où se tient une convention nationale d'une association de dirigeants à laquelle j'adhérais sans jamais avoir le temps de me rendre à ce type d'événement, étant toujours par monts et par vaux quand je dirigeais Interior's. Pendant le dîner, je suis assise à côté de Pascal, un franchisé du groupe Accor. En discutant, je lui raconte que cette idée de restaurant me titille de plus en plus. Il me répond : « Non, Léa, ne te lance pas là-dedans, c'est l'enfer, ce milieu. » Forcément, cette remarque m'a motivée encore plus, je l'ai prise comme un challenge et mon œil s'est mis à briller. Je suis comme ça, j'aime les projets, les nouvelles aventures, découvrir en permanence de nouvelles personnes, de nouveaux horizons. Après cette mise en garde, Pascal comprend que je ne lâcherai pas ma nouvelle idée fixe. Il m'aide alors à me familiariser avec ce milieu de la restauration. Grâce à lui, je passe un mois dans différents établissements à découvrir de l'intérieur des cuisines de toutes tailles. Je passe par un Courtepaille à Valence, une grosse brasserie lyonnaise et, toujours à Lyon, un petit établissement de poisson situé juste à côté de la Part-Dieu, Le Gabion où ça grouille de monde. J'y apprends ce qu'est le « coup de feu » du midi. Je vois comment, avec une minuscule cuisine de vingt-cinq mètres carrés, le chef sort cent couverts.

Dans cette petite cuisine, j'ai d'ailleurs un peu de mal à trouver ma place, mais la patronne des lieux, Juliette, me prend sous son aile. Une dame extraordinaire qui me montre toutes les ficelles du métier : les tableaux des achats, les négociations avec les fournisseurs, une mentor comme on aimerait tous en avoir avant de se lancer dans une nouvelle aventure entrepreneuriale. Partout où je suis passée, j'ai été accueillie très chaleureusement par les chefs et les propriétaires. Une fois ce « tour des restos » terminé, je suis confortée dans l'idée d'ouvrir le mien. Cela dit, je prends conscience que j'ai beaucoup observé sans être dans l'opérationnel, j'ai pris énormément de notes, ce qui me caractérise depuis toujours ; or, pour comprendre et sentir ce nouveau milieu que j'apprivoise, je sais que j'ai besoin d'être à la tâche. C'est ainsi que je débarque au Chamois d'Or à l'Alpe d'Huez.

***

Le Chamois d'Or est un hôtel que Didier, mon beau-frère Thibaut et moi avions acheté en 2007. Un lieu chargé de souvenirs pour mon mari et sa famille, car c'est ici qu'ils venaient régulièrement passer leurs vacances pendant son enfance. J'ai aussi eu l'occasion de m'y rendre à deux reprises pour des réunions de famille incroyables, à une trentaine ou quarantaine de personnes. Je me rappelle très bien, lors de mon premier séjour là-bas, être avec ma fille aînée Rebecca et notre fils César, qui avait à peine trois semaines. Ce fut d'ailleurs un véritable périple pour se rendre jusqu'au chalet, il fallait faire des étapes pour habituer notre nouveau-né aux mille huit cents mètres d'altitude. Notre pédiatre nous avait recommandé de faire des pauses régulières sur cette route mythique des vingt et un virages menant à l'Alpe d'Huez, où nous croisions des cyclistes amateurs habitués de ces boucles. Évidemment, le trajet fut assez long et j'avais hâte d'arriver en haut pour retrouver la famille et avoir un peu de répit en confiant César à ses cousines qui se battaient pour l'avoir dans les bras !

C'est toujours avec beaucoup d'émotion que Didier et moi nous remémorons nos moments là-bas. Et puis, un jour de 2006, l'un de mes beaux-frères, nous appelle et nous annonce cette nouvelle : « Le Chamois d'Or est à vendre. » Nous n'avons pas tergiversé longtemps, nous nous sommes portés acquéreurs à trois, à parts égales, Didier, son autre frère Thibaut et moi-même. Chose rare, le fonds de commerce et les murs étaient en vente, alors, bien que le budget fût conséquent, nous nous sommes lancés dans cette aventure montagnarde. L'hôtel est un établissement de luxe, cinq étoiles, un magnifique chalet en bois avec une très grande terrasse exposée plein sud, au pied des pistes de ski. L'endroit compte une cinquantaine de chambres, c'est très spacieux et l'ambiance y est conviviale. Il a gardé son âme, un établissement de famille qui appartenait à deux frères, qui l'avaient eux-mêmes hérité de leur mère. Bien que les précédents propriétaires aient aménagé ce chalet, notamment en recouvrant la façade de béton avec du bois, la décoration n'était vraiment pas à mon goût. Alors, après l'acquisition des lieux, Didier s'est chargé des travaux et de l'aménagement, et moi de la décoration intérieure puisqu'à cette époque je travaillais encore chez Interior's. Je me rappelle la première visite au moment de l'achat, quand j'ai mis les pieds dans cette grande entrée qui sent bon le mélèze, je me suis instantanément imprégnée de cette ambiance si particulière à la montagne pour imaginer ma décoration.

J'ai voulu une ambiance cosy, chic mais sans prétention, alors j'ai commencé par placer deux gros ours en bois dans cette entrée, j'ai fait mettre des tommettes au sol, j'ai conservé le grand comptoir des années 1970 pour la réception, mais la pièce qui m'a donné le plus de fil à retordre, c'est le restaurant. Tout y était dans son jus, j'ai d'ailleurs mis pas mal de temps avant de me décider sur ce que j'allais en faire. Je me revois assise sur une chaise au milieu de la pièce, j'observe le lieu pour y trouver l'inspiration, « la » bonne idée. J'ai choisi de mettre de la moquette au sol pour le côté cosy, j'ai accroché aux murs des tableaux anciens avec des scènes de montagnes que j'avais chinés, et puis j'y ai installé des chaises, fauteuils et banquettes en cuir. Ensuite, je me suis attaquée à la rénovation du bar. Là aussi, la salle est immense, elle fait cent cinquante mètres carrés et elle a une particularité : un plafond recouvert de liège. D'ailleurs, Didier et son frère m'ont tout de suite dit de manière très affirmative

« Bon, le plafond, on l'enlève », ce à quoi j'ai répondu « Ah non, je le garde ! »

Pour moi, ce plafond ringard, désormais « vintage », est un élément caractéristique de notre établissement, avec un matériau noble que je voulais absolument conserver. Bien que j'aie passé beaucoup de temps à aménager l'établissement, je n'avais pas touché à la cuisine. Une cuisine spacieuse par laquelle on pénètre en poussant une double porte battante. En entrant, le premier poste visible est celui de la plonge puis, sur les côtés, les postes sont répartis : poste chaud pour les plats, poste froid pour les entrées, poste des desserts… Contrairement à bon nombre de cuisines sans lumière naturelle et parfois en sous-sol, celle-ci est au même niveau que le restaurant et possède de grandes fenêtres exposées nord et est d'où l'on peut voir les skieurs et les remontées mécaniques au loin. C'est donc ici, dans cette grande cuisine, que je passe une semaine pendant mon année de transition pour parfaire mes connaissances en restauration.

***

Nous sommes en janvier, j'appelle Thibaut, mon beau-frère, associé et gérant de l'établissement et lui dis : « Est-ce que je peux venir en cuisine pour voir comment ça se passe ? » J'arrive un vendredi, en plein pic d'activité pour l'établissement. Thibaut m'a réservé une chambre et me présente à la brigade dès le lendemain. Hormis le chef qui savait que j'étais moi-même l'une des propriétaires du lieu, l'équipe n'était pas informée, pour ne pas la mettre sous pression, elle savait simplement que je venais apprendre et que, pour cela, j'allais être en immersion avec eux. Le poste qui m'est attribué est celui des entrées, or il se trouve qu'au Chamois d'Or, les entrées, c'est sacré ! En effet, l'établissement est connu pour son buffet froid du midi qui attire des centaines de personnes à chaque service, certains habitants de la région ne viennent d'ailleurs que pour ce buffet froid. Je me retrouve donc sous les ordres du chef de partie du poste froid, en tant que commis. Je m'attelle à toutes les tâches comme éplucher les pommes de terre, j'apprends à couper des tomates avec un couteau à dents, à laver les salades dans des récipients énormes… Petit à petit, je découvre les personnalités très attachantes de ce milieu. Cette brigade du Chamois d'Or est composée de quatorze personnes, essentiellement des jeunes de trente ans – excepté un pâtissier et le chef –, l'ambiance du groupe est festive. D'ailleurs, souvent, ces jeunes arrivent en cuisine le matin avec la gueule de bois, après s'en être donné à cœur joie la veille en fin de service ! J'apprécie énormément de travailler avec eux et je remarque que ce sont des professionnels aguerris.

Cela dit, le manque d'organisation a pour conséquence de rallonger leurs journées de travail, qui plus est dans un climat exécrable, car dès mes premières minutes en immersion, je réalise que le chef est un odieux personnage. Il maltraite les quatorze salariés, en particulier les filles, en leur parlant comme à des moins que rien. Chaque jour, j'entends fuser des « crétin », « fils de pute », « c'est de la merde ce que tu as fait ». Tout le monde dans cette cuisine en prend pour son grade et il hurle en permanence. Ma présence ne change strictement rien à sa façon de procéder, je me retrouve donc dans une position très inconfortable où je ne sais pas trop quel positionnement adopter. Je décide de rester silencieuse, de continuer mon observation tout en prenant des notes sur le fonctionnement de cette cuisine. Au-delà de ce comportement, qu'évidemment je ne cautionne absolument pas, je constate que l'organisation est « à l'ancienne ». Ici, le chef est un « aboyeur », c'est-à-dire qu'à chaque fois qu'un serveur entre en cuisine, il transmet la commande au chef qui ensuite l'aboie à ses troupes : « OK, deux veloutés d'asperges, à suivre, deux entrecôtes avec frites et haricots verts, sauce à part. » Chacun à son poste doit donc retenir ce qu'il a à préparer. Immédiatement, je me promets de changer cela, d'introduire de l'informatique dans la cuisine, d'autant que, dans les autres établissements que j'avais visités grâce à Pascal, il y avait des bons papiers qui sortaient pour les différents postes de la cuisine, afin que chacun se concentre sur sa préparation plutôt que sur la liste de plats à sortir. Au bout d'une semaine d'immersion, je remercie Thibaut mon beau-frère et lui dis : « Je t'envoie une note, je pense que l'on peut gagner en productivité. Ah oui, et le chef est un vrai con ! » Je rentre alors au Havre auprès de ma famille.

***

Trois jours plus tard, Thibaut m'appelle : « Écoute, Léa, je crois que ce chef ne voudra pas rester l'année prochaine. » Ce qui ne me surprend pas beaucoup, car dans les établissements saisonniers, les équipes changent régulièrement. Thibaut me demande alors de revenir sur place, à l'Alpe d'Huez, et d'approfondir mon débriefing en créant un book de procédures pour améliorer la productivité de la cuisine. De retour au Chamois d'Or fin janvier, je réintègre la cuisine pour quelques jours et j'explique ce que je vais mettre en place, à commencer par une liste de courses précise et détaillée pour le fameux buffet froid du midi, dans le but de rationaliser les coûts et, bien sûr, éviter le gaspillage.

Évidemment, ma méthode est ouvertement critiquée par le chef. Je ne perds pas la face et petit à petit, j'arrive à transformer l'organisation, tout en reprenant mon poste en immersion aux entrées. La veille de mon départ, je m'accorde une soirée pour dîner avec mon beau-frère Thibaut et sa femme Aude. Nous avons terminé les plats, il est déjà tard, il n'y a plus grand monde dans le restaurant et le maître d'hôtel arrive vers nous : « Excusez-moi de vous déranger, mais il y a un gros problème en cuisine. » Avec Thibaut, nous nous regardons, un peu éberlués, dans ma tête je me dis « et mince, le seul soir où je suis un peu tranquille… », puis, évidemment, nous filons en cuisine. Une fois la double porte battante passée, nous assistons à une scène surréaliste ! Une des filles de la brigade est en pleurs, par terre, à se tenir le cou. Thibaut et moi interrogeons tout le monde pour avoir des explications et là, nous nous rendons compte qu'un chef de partie a totalement craqué. Lui-même sous pression à cause du chef, il a empoigné une poêle pleine d'huile chaude et l'a jetée en direction de la jeune fille. Cette pauvre demoiselle a été brûlée au cou et à l'épaule. Heureusement pour elle, d'une certaine façon, il a raté son visage, sinon la malheureuse aurait été défigurée. Le chef, droit dans ses bottes, cautionne le comportement du chef de partie : « Elle n'avait qu'à mieux bosser », dit-il sans sourciller. Ce à quoi je lui réponds : « Mais vous êtes un grand malade ! »

Une fois la jeune femme prise en charge et soignée, je remonte dans ma chambre, abasourdie par ce comportement méprisable. Avant de me coucher, j'envoie un message à Thibaut en lui confirmant mon départ du lendemain et évidemment en lui parlant de ce chef détestable. Quelques minutes après ce message, vers trois heures du matin, Thibaut frappe à la porte de ma chambre alors que je m'apprêtais à aller enfin me coucher. J'ouvre et là, sur le seuil de la porte, il me dit : « Écoute, on vire le chef tout de suite et tu prends sa place dès demain. » Autant dire qu'après cette brève conversation, j'ai eu du mal à trouver le sommeil. Je me suis beaucoup retournée dans mon lit, j'ai énormément réfléchi, allongée dans le noir, les yeux grands ouverts comme une chouette. Je ne m'attendais pas du tout à cette proposition, mais ce qui est sûr, c'est que désormais me voilà à pieds joints dans le milieu de la restauration.

Nous sommes alors fin janvier, en plein cœur de la saison, à quelques jours des vacances scolaires de février où tous les Parisiens débarquent. Pour moi, la pression est à son maximum. La cuisine du Chamois d'Or se retrouve orpheline de chef, mais je deviens cheffe exécutive. Mon rôle est de mettre davantage d'organisation dans cette grande cuisine. Je m'attelle d'abord aux plannings et très vite, je me crée une équipe rapprochée. Je promeus deux seconds qui deviennent mes piliers. Ils m'apprennent beaucoup culinairement parlant et moi je les associe à la logistique. Pendant les quatre semaines supplémentaires où je suis restée à l'Alpe d'Huez, nous avons grandi ensemble. Je découvre que ce milieu de la restauration est essentiellement masculin, mais cela ne m'a pas freinée. Je me retrouve à gérer des services à deux cent cinquante clients, je stresse énormément, mais en gardant le sourire en toute occasion, je perds sept kilos, je m'en prends « plein la tête » comme on dit, mais bon sang, ce fut l'une des plus belles expériences professionnelles de ma vie.

Le soir avant mon départ, cette fois définitif, je dîne au restaurant avec mon mari Didier qui m'avait rejointe avec les enfants, entourés de Thibaut, Aude et leurs enfants. Nous sommes une grande tablée comme nous les aimons, nous passons un moment délicieux, et pour le dessert, j'ai la joie de découvrir sur ma mousse au chocolat un message personnalisé venu de la cuisine : « merci Léa » avec des petits cœurs. Que d'émotions pour cette dernière soirée ! Moi qui adore les challenges et qui n'aime pas l'échec, avec cette aventure montagnarde j'ai été plus que servie. Forte de cette belle expérience, je rentre au Havre et là c'est décidé : « OK, j'ouvre un restaurant ! »

***

Depuis qu'une lumière s'était allumée dans ma tête avec cette idée, je savais que quand je la concrétiserais, mon restaurant serait dans une maison avec un jardin. Je ne sais pas pourquoi, mais c'était une évidence, c'était la première image qui me venait à l'esprit en imaginant mon futur restaurant. Je voulais un lieu accessible à tous, pas élitiste et bon, bien sûr ! Aujourd'hui, je pense avoir réussi ce pari.

Me voilà donc début 2014, à chercher cette fameuse maison avec jardin dont je rêve en centre-ville du Havre, ce qui est une denrée très rare ! La quasi-totalité du Havre a été détruite pendant la Seconde Guerre mondiale, bombardée par les Alliés, puis reconstruite par l'architecte Auguste Perret. De la plage à la gare, c'est-à-dire le centre-ville, les immeubles Perret sont modernes, en béton car, dans les années 1950, il fallait reconstruire vite pour loger les Havrais, autant dire que les maisons individuelles avec du charme et une âme se comptent sur les doigts d'une main dans ce quartier central. D'ailleurs, on me propose beaucoup de choses, mais c'est souvent vers Sainte-Adresse, la commune limitrophe du Havre en bord de mer, un peu trop « bling-bling » à mon goût ; en tout cas, ce n'est pas ce que j'ai en tête, et quand j'ai une idée en tête, il est très difficile de me l'enlever. Je passe plusieurs mois à chercher cette perle rare, à sillonner les quartiers du centre-ville havrais à pied, à vélo, je lance mon réseau, j'épluche les annonces immobilières. Je cherche, je cherche, mais je ne trouve pas. Alors, en attendant de dénicher ma pépite, je décide de me faire la main en rouvrant le restaurant des Maisons de Léa, l'établissement hôtelier d'Honfleur, que nous avions racheté quelques années auparavant avec mon mari.

À l'époque, Didier avait souhaité fermer le restaurant, ce n'était pas son cœur de métier, nous avions préféré nous concentrer sur la partie hôtellerie dans cette maison qu'il avait transformée en lieu de charme au cœur d'Honfleur. De nouveau, j'enfile ma casquette de chef de chantier et multiplie les allers-retours à Honfleur, à une vingtaine de minutes en voiture du Havre, pour aménager le restaurant. Notre établissement Les Maisons de Léa est situé sur une petite place, très prisée à Honfleur, face à l'église Sainte-Catherine construite tout en bois. Juste à côté de l'hôtel, se dresse le clocher entièrement détaché de cette église, ce qui est très rare.

Cette place pavée qu'empruntent les visiteurs et nombreux touristes qui débarquent chaque week-end en Normandie est très agréable pour flâner. Elle est entourée de galeries d'artistes et de restaurants, d'ailleurs les fenêtres de – ce qui deviendra – mon premier restaurant donnent directement sur l'église. En 2013, les travaux débutent et comme à mon habitude, je gère la décoration du lieu. Pour la cuisine, on me déconseille pas mal d'équipements ou bien on me propose systématiquement les plus onéreux, je fais donc des choix, bien que ce ne soit pas encore mon domaine d'expertise.

J'échange énormément avec les architectes sur l'ergonomie du lieu, aussi bien la salle que la cuisine. Puis je passe un bon moment sur le recrutement, et notamment pour trouver un chef en or. Celui qui m'a tapé dans l'œil grâce à son style culinaire et son savoir-être s'appelle Cédric. Quand je le rencontre, il a 24 ans, il est très doué, doté d'une grande sensibilité et, surtout, il est calme. Nous avons formé un binôme étonnant, car je suis de nature extravertie et une vraie pile électrique, mais nous nous sommes, je crois, nourris l'un l'autre. Il a simplement répondu à une annonce puis a passé avec succès les différentes présélections jusqu'à atterrir dans ma cuisine, à mon domicile au Havre. En effet, au moment de créer la carte du restaurant, les travaux ne sont pas encore terminés à Honfleur, alors c'est chez moi, depuis ma cuisine, que nous avons imaginé, goûté et affiné les différents plats de cette première carte. Lors de sa première venue à mon domicile, Cédric était certainement intimidé, mais rapidement il s'est approprié les lieux et s'est mis au travail.

Nous avons donc passé plusieurs heures dans ma grande cuisine que j'affectionne particulièrement. Les couleurs y sont vives et énergisantes, dans les tons rouges, et il y a une grande baie vitrée avec une vue magnifique sur Le Havre. Il y a toujours une petite touche anglaise qui me suit, peu importe où je m'installe, je suis donc équipée d'une cuisinière Aga[1] avec des feux au gaz, la même que celle de la maison de Marksbury quand je vivais en Angleterre. J'ai également deux fours d'une marque anglaise qui permettent une cuisson longue, en plus de deux fours électriques. Sur l'immense plan de travail, nous avons dessiné les assiettes ensemble et Cédric a donc utilisé tous ces équipements pour concocter les plats.

Il me donnait des listes de courses et j'allais lui chercher tous les produits frais et surgelés dont il avait besoin. À ce moment-là, nous sommes fin janvier et il doit imaginer une carte de printemps, alors pour tester les recettes et en attendant les produits frais de saison, il utilise des surgelés, ce qui nous fait sourire à de nombreuses reprises et, surtout, ce qui est assez surprenant parfois en termes de goût ! L'ambiance de travail est décontractée, sérieuse, mais sans prétention, tout ce que j'aime. Cédric comprend vite ce que je veux, une cuisine bonne, de qualité et toute en simplicité. D'ailleurs, pour résumer cela, je reprends souvent l'expression de mon fils César : « Je ne veux pas du triple salto arrière de pamplemousse » !

Au terme de trois mois de conception et d'essais, ça y est, la carte est fin prête. Le 2 mai 2013, Tourbillon ouvre ses portes à Honfleur. Le premier service est un dîner, j'ai invité trente personnes pour cette soirée

1. Marque de cuisinière anglaise.

test. Il y a notamment les artisans qui ont participé au chantier et leurs conjointes, des amis et quelques personnes extérieures. Évidemment, je vérifie chaque plat avant de les faire sortir de la cuisine et de les envoyer en salle, je suis d'ailleurs assez sûre de moi, mais on n'est jamais à l'abri d'un imprévu. La soirée se déroule parfaitement bien, tout le monde semble ravi, moi aussi, et je sens l'adrénaline redescendre au moment de refermer les portes du restaurant vers 1 heure. Pour cette toute première fois, ce tout premier service, dans mon propre restaurant, je suis extrêmement fière et heureuse du travail accompli. Cette journée du 2 mai 2013 est gravée dans ma mémoire, car c'est aussi ce jour-là, coïncidence, qu'Interior's, la belle PME d'ameublement-décoration de mes parents, est vendue. Une page se tourne.

***

Ce n'est que l'année suivante, en 2014, que je trouve enfin ma pépite au Havre. Pour être tout à fait honnête, c'est Maman qui la trouve ! Elle m'appelle un matin : « Léa, je suis passée devant une maison en centre-ville, avec des parpaings partout, mais à mon avis c'est ce que tu aimes. » En quelques secondes, elle a piqué ma curiosité. Je fonce immédiatement découvrir cette trouvaille. Je pars de chez moi en ville haute avec mon chien de l'époque, Éva – toujours un schnauzer, mais cette fois nain – et je descends à pied vers le centre-ville. Ce jour-là, le temps est atroce, un après-midi gris, et pendant ma promenade, il se met à pleuvoir des cordes. J'arrive devant la maison trempée, transie de froid, et là « waouh ».

Je tombe immédiatement sous le charme malgré les fenêtres cassées, les parpaings, le terrain de pétanque à l'abandon rempli de crottes de chien. Je fais le tour de la maison et mon cerveau entre en ébullition. À l'arrière du bâtiment, il y a un petit muret, je m'y assieds un moment avec mon chien Éva pour contempler les lieux et laisser libre cours à mon imagination. Malgré la pluie battante, je visualise les jardins, les pièces à l'intérieur, je suis en pleine rêverie. En rentrant chez moi, excitée, des étoiles pleins les yeux et des idées d'aménagement plein la tête, la première chose que je fais est de regarder l'histoire de ce lieu sur Internet. Juste derrière cette grande maison, je connaissais le bâtiment, l'ancienne école municipale Jean-Macé, qui bien sûr m'avait aussi tapé dans l'œil. En poussant mes recherches, je comprends que ma pépite est l'ancienne maison du directeur de cette école, un bâtiment protégé du début du XIXe siècle tout en briques jaunes.

C'est décidé, c'est sûr même, c'est cette maison qu'il me faut. Pour l'acquérir, je me renseigne auprès d'un ami adjoint au maire. Je prends rendez-vous avec les personnes compétentes à la mairie, mais là, déception, on m'explique que la maison a été vendue au Conseil général[1], qui souhaite en faire un centre administratif. Après le coup de cœur, le coup de massue. Ma première pensée quand je reçois la nouvelle est « Ça va être très compliqué… »

Je ne me laisse pas abattre pour autant, ce n'est pas vraiment mon style et d'ailleurs, très vite, je relativise et je vois toute cette partie administrative comme « un mauvais moment à passer ». J'enclenche alors le mode « détermination » pour devenir propriétaire de cette maison. J'entre en contact avec le Conseil général, j'enchaîne les rendez-vous, j'explique mon projet, entre-temps deux banques sur quatre refusent mon dossier, mais je m'accroche, car je suis convaincue que cette maison m'attend. Je crois aussi que je suis tombée au bon moment ; d'ailleurs, souvent quand on entreprend, il faut aussi un peu de chance. Cette bonne étoile est restée au-dessus de ma tête tout au long de l'année 2015.

Un matin, je reçois L'E-mail, celui qui m'annonce que le Conseil général donne son autorisation pour me vendre la maison. Même si au fond de moi je savais que j'y arriverais, il y a eu des petits moments de découragement qui se sont tous envolés en une fraction de seconde en lisant cet e-mail. Là, les planètes s'alignent. La ville du Havre accepte de me vendre un

1. Conseil départemental aujourd'hui.

bout de terrain devant et à l'arrière de la maison pour agrandir le jardin, tout se met en branle rapidement, les travaux démarrent. Je travaille alors en binôme avec Hélène qui était mon assistante de direction chez Interior's. Elle avait quitté l'entreprise quelques temps après moi et fait le pari que nous allions vivre une belle tranche de vie professionnelle ensemble. Un sacré défi pour elle que de me suivre dans cette aventure de restaurant ! Je nous revois toutes les deux, installées chez moi, dans la chambre de ma fille Victoire transformée en bureau, car elle avait quitté le domicile familial pour ses études, en train de créer sur papier mon rêve de restaurant. Puis c'est Didier qui a l'idée du nom « Les Enfants Sages » et nous demandons à notre fils César de réfléchir à un logo. César dessine deux enfants avec un chien – évidemment, Éva, le chien de la famille – et nous faisons ensuite appel à une agence qui propose un concours entre infographistes sur Internet.

Je reçois alors plus d'une vingtaine de propositions et c'est avec beaucoup d'excitation que je regarde attentivement chaque dessin. Finalement, c'est celui d'une Polonaise que je sélectionne. Il représente une petite fille en robe, coiffée d'une queue de cheval, avec une baguette magique dans les mains. Des étoiles sortent de cette baguette magique, en direction d'un chien assis devant elle et tenu en laisse par un petit garçon, habillé en t-shirt et pantalon, avec une épée en jouet accrochée à sa ceinture. Ce logo est un réel un coup de cœur. En parallèle, je m'attaque au recrutement. Je ne rencontre aucune difficulté, car je reçois beaucoup de CV, ce qui me permet de choisir chaque membre de l'équipe. En revanche, pour le choix du maître d'hôtel, c'est un peu plus compliqué.

En effet, je ne voulais pas recruter quelqu'un du Havre, tout simplement pour ne pas débaucher un bon maître d'hôtel auprès de mes concurrents confrères restaurateurs. Pour ce poste capital, aucun des CV reçus ne me tape dans l'œil jusqu'à celui de Mathieu. Pourtant, il n'avait pas postulé officiellement, c'était Pôle emploi qui avait envoyé sa candidature automatiquement. Hasard complet, Mathieu est normand, originaire d'Eu, et surtout venait de travailler à l'Alpe d'Huez, à la Folie Douce, boîte de nuit et restaurant en plein air très coté dans la même station de ski que mon hôtel-restaurant le Chamois d'Or. Mathieu n'avait pas l'intention de venir s'installer au Havre, faire les saisons à la montagne lui convenait bien.

Cela dit, après notre rencontre, on ne s'est plus quittés ! Il est d'ailleurs aujourd'hui mon associé à La Grande École. Dans cette aventure, il ne me restait plus qu'à trouver un chef avec qui j'allais m'entendre aussi bien qu'avec Cédric pour Tourbillon à Honfleur. Évidemment, après mon expérience au Chamois d'Or, je ne voulais pas d'un chef diva. Peter est celui qui a compris ma façon de fonctionner et avait un talent fantastique, c'est donc naturellement lui que j'ai recruté pour être le premier chef des Enfants Sages. En restauration, les premiers mois de vie d'un établissement sont soumis à un fort turn-over, c'est assez stressant, mais aujourd'hui, avec l'expérience, je sais que ça ne dure qu'un temps avant que la stabilité s'installe. Pour moi, la priorité lors d'un recrutement a toujours été et reste le savoir-être. Je veux une bonne ambiance dans mes équipes, un climat de travail agréable, donc chaque élément perturbateur ou toxique est remercié rapidement, puisque généralement il se révèle dès les premières semaines.

D'ailleurs, grâce à Mathieu, l'ambiance aux Enfants Sages est très conviviale. Mathieu est un homme jovial, qui n'aime pas les conflits, il sait instaurer une atmosphère gaie, sereine et sérieuse à la fois. Je me souviens parfaitement de cette discussion qui semblait anodine, mais qui a changé beaucoup de choses : « Tiens, Léa, hier j'ai rencontré le propriétaire du bar dans la rue d'à côté, il est venu manger chez nous et il m'a dit "dis donc, qu'est-ce qu'elle est stressée, ta patronne, quand elle fait le service !" ». Ce jour-là, Mathieu a su me faire passer un message en douceur et subtilement. Aux débuts du restaurant, je passais énormément de temps au passe, c'est-à-dire à vérifier les sorties d'assiette de la cuisine au premier étage puis en salle à l'étage et au rez-de-chaussée. Avec le stress et surtout très occupée à ma tâche, je débarrassais les assiettes à la chaîne et j'en oubliais de sourire. J'ai donc appris à me détendre pendant un service et retrouver le sourire, même dans les situations stressantes ! Le recrutement terminé, neuf mois après le début de cette aventure, mon bébé est prêt. Bien que le quartier et la rue de Paris ne fussent pas aussi dynamiques qu'aujourd'hui, bien que beaucoup m'aient déconseillé cet endroit, Les Enfants Sages ouvrent leurs portes en septembre 2015. Ça y est, c'est fait. Je voulais mon restaurant, je l'ai eu et surtout je suis heureuse. À ce moment-là, trois années après mon départ d'Interior's, je ressens cette liberté et cette fierté d'entreprendre. Je suis enfin à l'aise, dans mes baskets, dans un univers qui me plaît. Cela dit, je vais très rapidement être challengée et faire une sortie radicale de ma zone de confort.

3

« La Chambre »

S'il y a bien une chose que j'ai découverte en entreprenant par moi-même et que j'avais très certainement négligée jusqu'alors, c'est la force des réseaux. Pendant mes dernières années chez Interior's puis à la tête de mes restaurants, je faisais partie de la CCI en tant qu'élue, la Chambre de commerce et d'industrie. Avant de recevoir un coup de fil du président de la CCI, que je connaissais depuis quelque temps, je n'accordais pas beaucoup d'importance et de temps à cette institution, j'en ignorais même concrètement son utilité, malheureusement comme beaucoup de dirigeants. Pourtant, j'ai découvert que cette Chambre est un outil formidable au service des entreprises.

Mes parents n'étaient pas des entrepreneurs qui réseautaient, leur philosophie était plutôt « pour vivre bien, vivons cachés », je n'ai donc jamais baigné dans la culture du réseautage. Au Havre, je savais où se situait la CCI. En effet, difficile de passer à côté de cet imposant bâtiment à l'entrée de la ville, face au bassin du Commerce et à proximité du centre commercial des Docks Vauban, bien connu des Havrais. Cela dit, mes connaissances à propos de cette institution s'arrêtaient là ! Les Chambres de commerce et d'industrie ont été créées dès le XVIIIe siècle en France afin de représenter les intérêts de l'industrie, du commerce et des services auprès des pouvoirs publics et des autorités étrangères. En 2012, alors directrice générale d'Interior's, je suis contactée par le président de la CCI de l'époque, Vianney, qui me propose de faire partie du bureau, soit l'équivalent du conseil d'administration d'une entreprise privée. À ce moment-là, je ne sais absolument pas à quoi sert la CCI, mais cette nouvelle aventure, comme d'habitude, me séduit. Vianney est alors direct et m'explique que je coche beaucoup de cases : une femme, 40 ans, DG d'une grosse PME.

À ce moment-là, il n'y avait jamais eu de femme au sein du bureau de la CCI du Havre. C'était donc une grande première pour moi et pour la Chambre. Vianney me met en confiance et, pour finir de me convaincre, m'assure : « Ne t'inquiète pas, ça ne va pas te prendre trop de temps. » C'est ainsi que j'intègre ce bureau sans trop savoir en réalité où je mets les pieds.

***

Pour ma première fois, j'arrive donc à sept heures du matin à la CCI et je me rends au cinquième étage, dans une salle de réunion avec une grande table prévue pour accueillir une trentaine de personnes. Nous ne sommes que huit autour de cette table, et c'est peu de dire que pour ma première venue, je suis impressionnée. Un léger syndrome de l'imposteur s'empare de moi, bien que mes collègues masculins m'aient immédiatement mise à l'aise, eux qui n'avaient pas non plus l'habitude de voir des femmes dans ces réunions du matin.

Les pensées qui me traversent à ce moment-là sont celles que certainement beaucoup d'entre vous ont connues dans des situations similaires : « Est-ce qu'il faut que je change ma façon d'être ? Que j'aie l'air plus sérieux ? Que je pèse mes mots avant de parler ? Faut-il que je sourie moins ? Que j'aie l'air moins dynamique et spontané ? »

Tous les quinze jours, je me rends donc au cinquième étage de la CCI et je découvre les rouages de la Chambre : on y aborde tous les enjeux liés à l'industrie et au secteur portuaire, mais peu au commerce, ce qui, en tant que fille de commerçants, me surprend un peu. Cela dit, l'économie locale havraise est essentiellement composée de grosses industries et évidemment du premier port de France pour le trafic de conteneurs. Pendant ces matinées, j'entends beaucoup parler d'« intérêt général » ; très honnêtement, si on me demande à ce moment la définition de ce terme, je ne suis pas capable de la donner. En 2012, je suis DG d'Interior's et comme beaucoup de dirigeants et de femmes, je suis à ma tâche, dans mon coin d'une certaine façon. Lors de ces réunions du bureau, j'entends toujours cette petite voix qui, au fond de moi, me répète : « Mais pourquoi toi ? Pourquoi on t'a choisie pour être là ? Qu'est-ce que tu peux bien apporter à une structure comme ça ? »

Malgré cela, j'apprécie de plus en plus de connaître cette économie locale et de pouvoir imaginer l'impact des décisions prises, entre autres, lors de ce bureau. J'apprends énormément au contact de ces sept autres membres et pour me sentir un peu plus légitime, j'utilise la seule méthode que je connaisse : je travaille mes dossiers et je fais fonctionner mon bon sens.

Je me souviens parfaitement d'une conversation avec le patron de la raffinerie Total Énergies, la plus grande de France avec ses mille sept cents salariés. Il me dit : « Tu sais, Léa, tu as bien plus de responsabilités que moi. Moi, je suis directeur d'une grosse boîte, certes, mais je suis salarié. On me dit ce que j'ai à faire, alors oui j'ai des responsabilités locales, mais je ne décide pas de la stratégie du groupe. Tu as peut-être une PME, mais c'est toi qui décides, c'est ton argent qui est investi… »

Cet échange, bienveillant et motivant, m'a fait me sentir davantage à ma place au sein de ce bureau de la CCI. Aujourd'hui, je répète et je transmets régulièrement cette phrase à des entrepreneurs et des leaders qui se cherchent – souvent des femmes – qui, comme moi à ce moment de ma vie, pâtissent d'un syndrome de l'imposteur face à des patrons de grosses entreprises. Pendant trois mois, lors de ces réunions matinales, j'observe.

Après chaque réunion du bureau, je travaille les dossiers évoqués, je fais des recherches, j'échange beaucoup avec mon mari. Et puis, un matin, je prends la parole. Évidemment, mes collègues sont un peu surpris, mais au fur et à mesure des semaines qui s'écoulent, je trouve ma place, ma façon de contribuer, et je continue à m'enrichir de tous ces nouveaux sujets. Pour mes premiers pas au sein de cette institution, Vianney a su me transmettre ses connaissances et son expérience, il fut un excellent mentor. Comme il avait repéré mon appétence pour l'apprentissage de terrain, je l'ai régulièrement accompagné à des rendez-vous. Mon dynamisme et le fait que je sois une femme ont certainement été des atouts pour lui, ce qui ne me posait aucun problème, d'autant que je profitais de ces rencontres pour me nourrir intellectuellement. Je fonctionne ainsi, cela me permet de me lancer dans de nouvelles aventures avec enthousiasme et peu d'appréhension, car sortir de sa zone de confort n'est aisé pour personne, mais le fait d'aborder les nouvelles étapes de manière positive donne une force incroyable.

Comme tout le monde, je traverse des phases de doutes et je suis mise en difficulté, ces premiers mois à la Chambre n'ont pas dérogé à cette règle. Cela dit, je sais que ma principale force est la confiance, celle qui m'a été transmise par mon éducation, grâce à Grand-mère et mes parents bien sûr, mais aussi celle que je cultive au quotidien. J'ai également eu de la chance dans mon parcours et quand elle se présente, il faut savoir la reconnaître, avoir de la gratitude. L'autre facteur clé pour avoir confiance en soi, à mon sens, est d'avoir un entourage bienveillant.

J'ai toujours été bien entourée par mon mari, mes enfants, ma famille élargie et cet amour que je reçois, je m'efforce de le véhiculer dans mon travail. Si, autour de vous, personne n'est soutenant pour votre projet, sachez bien choisir vos nouvelles relations, car bien s'entourer est primordial quand on se lance dans une nouvelle étape ou aventure professionnelle. Il faut pouvoir compter sur quelqu'un dans les moments de doutes et de désillusions, une ou plusieurs personnes qui vous reboostent, qui savent vous mettre en valeur pour vous aider à avancer et faire émerger le meilleur de vous-même. Aussi loin que je me rappelle, j'ai toujours eu confiance en moi, mais j'ai également appris à entretenir et renforcer cette confiance au fil des années.

Aujourd'hui, j'ai à cœur d'accompagner mes équipes et les leaders qui croisent ma route pour qu'ils se révèlent. Voici les trois conseils que je peux transmettre grâce à plus de trente années d'entrepreneuriat : travailler ses sujets, car c'est ce qui donne la légitimité, ce qui vous permettra d'oser prendre la parole sans crainte ; commencer par un petit pas et avancer par étapes, ce qui vous permettra de minimiser l'échec ; profiter et se nourrir de l'expérience des autres. Avec une bonne dose de confiance, vous pourrez faire grand. Personnellement, c'est la recette que j'applique à chaque fois que je monte une affaire. J'aime travailler, j'aime développer des projets, j'ai toujours une centaine d'idées à la minute – ce qui est parfois lourd à gérer pour mon entourage. Cela dit, cette audace combinée à tous ces autres facteurs m'ont permis de réussir ma vie professionnelle. À partir de là, un cercle vertueux s'enclenche, car la réussite alimente encore un peu plus la confiance…

***

La suite de mon parcours à la CCI du Havre est l'un des moments importants qui m'a certainement fait aller encore plus loin dans ce travail sur moi-même.

Un matin de l'année 2016, Vianney, le président de la Chambre, m'appelle : « Léa, j'ai besoin de toi ce matin pour faire un point, tu peux me rejoindre à mon bureau ? » J'arrive à la Chambre, je monte au quatrième étage et je pénètre dans le bureau du président, une pièce assez vaste avec une vue imprenable sur le bassin du Commerce et les bateaux qui y sont amarrés. L'endroit est décoré sobrement avec des meubles en métal pas vraiment à mon goût, une moquette grise ; le bureau est assez froid, mais quand j'arrive ce matin-là, l'ambiance est très chaleureuse. Je m'approche et je constate qu'ils sont trois à m'attendre : Vianney, un élu de la Chambre qui est l'un de ses proches et la directrice de la communication. En quelques secondes à peine, je m'interroge : « Qu'est-ce qu'ils font là ? Pourquoi suis-je la seule du Bureau à être présente ? Il doit y avoir un sujet de crise. » Je m'installe autour de la table de réunion avec eux, Vianney me propose des petits sablés qu'il a l'habitude de sortir de son placard, je prends un thé et il n'y va pas par quatre chemins : « Je pense qu'il faut que tu prennes la présidence de la Chambre après moi. »

Je me revois très bien faire un sourire gêné, certainement rougir et poser sur eux un regard interrogatif. Vianney est un grand blagueur, alors, logiquement, ma première réaction est de dire « Non, mais tu plaisantes ? » Je comprends rapidement que la discussion est sérieuse. Assise dans mon fauteuil autour de cette table de réunion, mon regard se pose sur la porte fermée en face de moi. À ce moment-là, je ressens une bouffée d'angoisse m'envahir. Je leur réponds presque du tac au tac : « Jamais de la vie ! » Évidemment, je n'avais absolument pas envisagé cette option, je ne savais même pas que Vianney ne souhaitait pas se représenter lors du prochain mandat. L'entretien dure une heure, une heure durant laquelle tous les trois essaient de me convaincre et durant laquelle je réponds tous les arguments habituels pour refuser poliment : « Pourquoi moi ? Lui serait peut-être un meilleur candidat… Je n'ai vraiment pas le temps… » Vianney, sûr de lui, me rétorque : « Écoute, Léa, tu réfléchis et on en reparle. » Je ressors du bureau, complètement secouée par la nouvelle. Certes, je suis flattée, mais quand j'appelle Didier dans les minutes qui suivent, dans ma tête je sais que je vais dire non à cette proposition.

Comme pour la création des Enfants Sages, ma réflexion après cet entretien dure neuf mois, le temps manifestement nécessaire à la gestation d'un projet. C'est ainsi que j'envisage ce nouveau défi, comme un nouveau projet, challengeant, motivant et instructif. Pendant ma période de réflexion, je discute énormément avec mon mari, je m'interroge sur ce que je pourrais apporter à cette institution pour la faire évoluer.

Bien sûr, je questionne ma légitimité ; à l'époque, en France, il n'y a que deux femmes sur cent quinze qui sont présidentes de CCI. Je pèse le pour et le contre : je ne suis plus chez Interior's, mes restaurants sont ouverts depuis quelques années et fonctionnent bien, mes enfants sont grands, je peux trouver le temps.

J'appelle Vianney : « OK, mais je te préviens, il faut que je gagne. » Vianney m'avait proposé ce poste directement ; néanmoins, la présidence de la Chambre reste une élection. Cela dit, le nombre de candidats était extrêmement restreint et j'ai été la seule à aller au bout du processus. Vianney m'a très bien accompagnée durant cette transition, j'ai été élue à l'unanimité. Je ne retire aucune gloire de cette élection sans campagne. Pour beaucoup, le fait que « je sois placée par l'ancien président » fut d'ailleurs un problème. Je savais que j'allais devoir faire mes preuves et redoubler d'efforts pour que l'on m'accepte et me respecte pour mes compétences. En novembre 2016, une nouvelle ère s'ouvre pour moi et pour la Chambre, car en cent cinquante ans, il n'y avait jamais eu aucune femme tout en haut de la hiérarchie sur le territoire normand.

Pour cette élection, j'ai dû constituer une liste d'élus. Tout de suite, mon objectif a été de rajeunir et de féminiser l'équipe. J'avais très envie de faire bouger les choses, de faire évoluer cette vieille dame et j'avais conscience que l'on pouvait réussir ensemble, grâce au collectif et non pas en restant chacun isolé dans son domaine de compétences. Sur ma liste, il y avait soixante pour cent de nouvelles personnalités et j'ai dû déployer mes meilleurs arguments pour convaincre certains de me rejoindre. Après tout, personne ne me connaissait. Je voulais à tout prix avoir dans mon équipe l'une des rares femmes dirigeantes d'une entreprise industrielle sur le bassin havrais.

Je me souviens quand j'ai appelé Élise, gérante de CPM Industries, spécialisée dans la chaudronnerie. Je me trouvais à Honfleur, sur la place Sainte-Catherine, juste devant mon restaurant Tourbillon : « Bonjour Élise, on ne se connaît pas, mais je suis Léa Lassarat, j'aimerais que vous soyez sur ma liste pour la présidence de la CCI du Havre. » Sa réaction est immédiate, c'est non. D'ailleurs, beaucoup de ceux que j'ai démarchés ont eu les mêmes réflexions que moi : « Pourquoi moi ? Ça ne sert pas à grand-chose, la CCI, qu'est-ce que j'y ferais ? » C'était pour moi une évidence, il me fallait cette femme à mes côtés, alors je lui promets que les choses vont changer : « Faites-moi confiance, Élise. » Ce à quoi elle me répond : « Léa, vous n'y arriverez pas. »

Plusieurs jours plus tard – heureusement, sa réflexion fut plus rapide que la mienne –, elle me rappelle : « OK Léa, je veux bien vous faire confiance, mais vous avez intérêt à faire ce que vous promettez. » Soulagée de cette première petite victoire, je poursuis mes coups de fil et rencontres pour avoir une liste d'élus hétérogène, je veux plus de femmes, de jeunes, de commerçants et d'artisans. Un jeune patron de bar m'a notamment rejointe dans l'aventure, cela faisait trente ans qu'il n'y en avait pas eu autour des tables de réunions de la Chambre, pourtant l'animation du centre-ville faisait régulièrement débat dans les médias et dans les conversations des Havrais. Je fais en sorte qu'il y ait du mouvement, que ça décoiffe un peu dans cette institution, je coopte notamment des nouveaux dirigeants. Je prends la présidence à ma façon.

Pendant ce temps-là, dans ma tête, c'est un tsunami. Mon mari Didier me dit en plaisantant : « Bon, on ne va plus beaucoup te voir ! » Il me connaît parfaitement, il sait que j'ai besoin d'être débordée pour être efficace et que ce rythme de vie me fait vibrer. Il me renouvelle donc sincèrement et amoureusement son soutien. Je me mets énormément de pression à partir du moment où j'accepte la proposition de Vianney. Il faut que je réussisse, l'échec, comme d'habitude, n'est pas envisageable. Je ne crois pas aux vertus de l'échec. Selon moi, plus on accumule d'échecs, plus la confiance en soi diminue. De plus, un échec est, culturellement parlant, souvent mal vécu en France.

Alors, certes, on apprend toujours de ses échecs, on se relève, mais je trouve cela beaucoup plus puissant d'anticiper, de s'organiser pour ne pas échouer.

Je fonctionne comme cela, je me fixe un objectif, je conditionne mon cerveau pour ne pas chuter. À chacun de mes projets, si je sens qu'on ne va pas arriver là où je le souhaite, je modifie l'objectif. S'organiser pour ne pas échouer est une capacité qui m'a demandé là aussi beaucoup d'introspection. Aujourd'hui, quand je mentore des entrepreneurs et des leaders, je m'efforce de propager ce message : anticiper pour ne pas aller dans le mur. Si, dans ma vie personnelle, j'ai eu des échecs comme tout un chacun, je n'en compte pas d'importants dans ma vie professionnelle. Ce n'est pas un hasard, c'est de l'organisation.

Je suis élue en novembre 2016, je deviens donc la troisième femme en France à prendre la tête d'une Chambre de commerce et d'industrie, sur les cent quinze que compte notre pays. À présent, je donne de mon temps pour l'intérêt général. Je choisis de ne pas me verser de salaire en tant que présidente et de ne plus avoir recours à une voiture de fonction ni à un chauffeur. J'avais envie de simplicité, de ne pas me faire enfermer dans ce rôle, mais de pouvoir rester moi-même, sans trop de fioritures. Désormais, je deviens une personnalité publique, ce qui est à la fois grisant et effrayant ! J'ai toujours eu ce paradoxe interne, je suis une extravertie, je prends goût pendant mes années de présidence à être sur le devant de la scène, mais j'ai toujours peur de paraître prétentieuse. Est-ce un travers féminin ? En tout cas, c'est un constat que je peux faire depuis que je côtoie des leaders, femmes et hommes. Me mettre en avant en tant que présidente ou même à travers ce livre doit avoir une finalité, ce n'est pas simplement pour le plaisir d'être vue ou lue. En tant que présidente de Chambre, c'est pour apporter ma pierre au développement économique de mon territoire. À travers ce livre, c'est pour inspirer d'autres femmes et hommes afin qu'ils voient grand et osent entreprendre. Quand on a l'opportunité d'être sur le devant de la scène pour faire avancer sa cause, son business, ses idées, il faut la saisir, car cela ne se représentera sûrement pas deux fois de suite.

***

L'un des aspects essentiels de la notoriété, que j'avais sûrement sous-estimé, est la parole. Ainsi, l'exercice auquel toute personnalité publique doit se plier est le discours. Je n'avais jamais fait de discours, sauf à mes équipes bien sûr, mais jamais de manière publique. Ma première prise de parole devant une centaine d'élus se déroule dans l'amphithéâtre de la Chambre, un endroit impressionnant où règne une ambiance feutrée. Face à moi, installés dans de gros fauteuils confortables, les élus de la Chambre attendent ma première prise de parole, certains d'ailleurs ont dû se dire : « On verra bien après ce discours. » Quelques heures avant ce moment solennel, j'ai répété mon discours avec Hélène, ma proche collaboratrice. Nous étions dans le boudoir de mon restaurant Les Enfants Sages, à quelques minutes à pied de l'amphithéâtre. À ce moment-là, je sais que je dois donner de ma personne, il faut que je montre à ces élus qui je suis et que je donne le ton. J'ai fait un discours enjoué, que j'ai lu, mais qui était à mon sens incarné. Ce baptême du feu m'a en quelque sorte préparée à mon premier discours public, en janvier 2017, à l'occasion des vœux de la Chambre. Ce soir-là, sept cents personnes m'attendent dans le hall de la CCI. Ce vaste hall d'entrée tout en marbre avec un plafond de vingt mètres de hauteur est rempli de chefs d'entreprise, d'élus et de personnalités locales.

À 18 h 30, je descends de mon bureau et je m'attelle à la tâche protocolaire : serrer des mains, saluer et sourire, alors qu'intérieurement je stresse énormément. Pour éviter que ce stress ne soit trop perceptible, j'ai prévu un pupitre pour poser les feuilles de mon discours afin que mes mains ne tremblent pas. Je voulais que tout soit parfait, je savais qui était à la technique, quelle musique allait être diffusée, j'ai demandé un micro-casque pour ne pas avoir à utiliser les micros du pupitre, car j'ai remarqué que dès que l'on tourne la tête légèrement, on n'entend plus distinctement la personne qui parle. J'avais besoin d'être dans cette maîtrise totale pour dissimuler mon inquiétude. Après avoir salué une bonne partie de l'assistance, je monte sur l'estrade à 19 h, vêtue d'une veste en fausse fourrure avec des motifs panthère, hissée sur des talons. Il est important que l'on me voie, car je suis petite.

« Mesdames, Messieurs, Le mois de janvier est habituellement un mois calme dans mon secteur d'activité, l'hôtellerie et la restauration...

Quelle chance... parce que dans le monde consulaire et surtout avec un début de mandature, c'est bien tout le contraire !

Pour mes premiers vœux en tant que présidente de la CCI, j'ai souhaité être entourée des élus du bureau, que je suis heureuse de vous présenter :

Pénélope, Janette, Lionel, Yves, Stéphane, Jean-Paul, Pierre, Patrick... ça me rassure de les savoir à mes côtés, car une première cérémonie de vœux, c'est impressionnant, surtout devant tant de monde, et j'en profite pour vous remercier d'être là ce soir ! Et aussi parce que nous formons une équipe.

Si j'ai accepté la fonction de présidente, c'est parce que je savais que je pourrais compter sur les cent soixante élus... »

Mon discours a duré dix-huit minutes et contrairement à ma première expérience dans l'amphithéâtre feutré, je connaissais celui-ci par cœur. Je suis chaudement applaudie et chacun me félicite au terme de cette cérémonie de vœux. Après le soulagement de cette première étape importante de mon mandat, j'ai mis une bonne année à assumer ma position de présidente et à me mettre en avant. D'ailleurs, mon directeur général me l'a souvent répété : « Léa, tu ne dis pas *Bienvenue à la CCI,* mais *je suis très heureuse de vous accueillir ici à la CCI* », ça peut paraître anodin, mais dans la perception d'un auditoire, ça ne l'est pas. Rapidement, je me rends compte que la Chambre est incarnée par son président ou sa présidente. Pour qu'elle existe et qu'elle compte, il faut que je me montre. C'est évidemment radicalement différent de ce que j'ai l'habitude de faire dans mes entreprises, où je n'ai pas besoin d'être vue en permanence.

Autre grande découverte pour moi, le rôle politique que je dois désormais assumer. Chaque semaine, je me retrouve à deux ou trois cocktails, des conférences de presse, des inaugurations, des réunions bien sûr, où je dois sans cesse prendre la parole. Toute cette exposition publique et ces dizaines de discours m'impressionnent fortement malgré ma personnalité extravertie. Je décide alors de faire ce que je fais le mieux : travailler, me former, pour progresser afin de dépasser mon point faible. Pour ceux comme moi qui ne sont pas des orateurs nés, rassurez-vous, on peut le devenir. Je sais qu'il doit y avoir une méthodologie que je peux appliquer pour que mes discours passent de « c'était bien Léa » à « c'était top Léa ».

Tout s'apprend, il ne faut donc pas hésiter à faire appel aux personnes compétentes, car il y a des experts dans tous les domaines. Au début de mon mandat, je sais qu'il m'en faut un en prise de parole. On me recommande un premier coach, mais très vite je sais que ce ne sera pas lui. Lors de notre première rencontre, il me dit : « Léa, ce n'est pas compliqué, quand tu arrives à une inauguration publique, tu fais la reine, tu gonfles le poitrail. » Après ce laïus, je le regarde, sceptique, et me dis : « Mais il est taré ce type ! Ce n'est absolument pas moi. » Il n'a pas cherché à me connaître, mais à appliquer une méthode toute faite qui aurait travesti ma façon d'être. Je me tourne alors vers Cécile, une coach qui était intervenue dans un club de dirigeant auquel j'adhérais depuis plusieurs années. La première chose qu'elle me demande : « Amenez-moi votre dernier discours », et après l'avoir lu, son jugement tombe : « C'est bien, mais vous ne parlez pas assez de vous, Léa. » Nous nous sommes vues à six reprises, à chaque fois Cécile m'a aidée à améliorer le fonds et la forme. Je ne voulais pas de discours long et soporifique, surtout quand il y en a cinq autres à écouter derrière le mien. Petit à petit, en compagnie de Cécile, je prends confiance, je m'entraîne : ma posture, ma gestuelle, ma respiration. Je passe par plusieurs étapes, au départ je lis mes discours, puis je les apprends, et enfin je les incarne. J'écris tous mes discours mot à mot, c'est mon mode de fonctionnement alors que d'autres préfèrent prendre des notes ou inscrire sur leurs feuilles des mots-clés, personnellement j'ai besoin d'avoir mon filet de sécurité. Autre aspect à ne pas négliger, avant chaque prise de parole, je prends le temps de choisir ma tenue, car je me rends compte que beaucoup de gens assistent à des événements – entre autres – pour voir la présidente de la Chambre. Que l'on soit une femme ou un homme, la tenue vestimentaire est à mon sens importante, elle fait passer un message, elle dit quelque chose de nous. Une fois que je me suis sentie beaucoup plus rodée à l'exercice, j'ai abordé mes prises de parole avec sérénité, sauf une fois où j'ai fait l'erreur de me laisser déstabiliser.

Cinq minutes avant de monter sur scène pour un discours important, je passe dans l'assistance et salue les personnes présentes, comme à mon habitude. À ce moment-là, l'une d'entre elles me fait une remarque désobligeante, je me sens attaquée et je perds totalement mes moyens. Ce jour-là, mon discours n'est pas du tout à la hauteur. Je me fais donc une promesse :

avant chaque prise de parole publique importante, je reste enfermée dans mon bureau, ma voiture, ma loge, les toilettes, peu importe, pour ne pas revivre ce moment désagréable. D'ailleurs, je répète souvent ce conseil à mes managers : toujours s'adresser à ces équipes en étant rayonnant, ce qui veut dire se mettre dans sa bulle avant d'intervenir, ne pas se laisser polluer par des contraintes ou des paroles parasites, c'est aussi valable pour des rencontres ou rendez-vous importants.

***

À travers la Chambre, je représente cent soixante élus, plus de seize mille huit cents entreprises locales. À ce titre, je suis reçue très officiellement par le maire du Havre dès ma prise de fonction fin 2016. Juste avant ce rendez-vous, mon syndrome de l'imposteur refait surface : « Qu'est-ce que je vais pouvoir lui raconter ? Il faut que je connaisse mes dossiers sur le bout des doigts. » Comme le veut le protocole, quand le maire du Havre reçoit pour le déjeuner, ça se passe au dix-septième étage de la tour de l'hôtel de ville. Quand j'arrive à l'étage du bureau du maire, un agent m'attend : « Madame la Présidente, je vous conduis au dix-septième. » N'étant pas encore habituée à ce cérémonial, je suis un brin intimidée par cet agent qui enclenche un bouton spécial dans l'ascenseur, car n'accède pas au dix-septième qui veut ! Une fois là-haut, les portes s'ouvrent, on me débarrasse de mon manteau et je découvre cette immense salle de réception avec une vue panoramique sur la ville du Havre et la mer à l'horizon.

L'endroit en lui-même est impressionnant et l'hôte qui m'attend l'est tout autant. Édouard Philippe, du haut de son mètre quatre-vingt-quatorze et avec sa prestance, m'accueille chaleureusement, je suis alors très fière de cette rencontre. À cette époque, il n'est pas encore Premier ministre, il vient de terminer la campagne interne de son parti, Les Républicains, en faveur de son mentor Alain Juppé. Je m'aperçois qu'au milieu de l'immense salle du dix-septième, une table pour deux est dressée pour le déjeuner. Un tête-à-tête que j'ai hâte de commencer. Au bout de quelques minutes, Édouard Philippe me dit : « Bon, Léa, qu'est-ce que tu vas faire pendant ces cinq ans à la tête de la Chambre ? » Je lui explique que je veux changer l'image de l'institution, que je souhaite avancer en collaboration avec tous les acteurs économiques du territoire, que je ne cherche pas simplement à surfer sur la vague de cette tendance. Il me donne alors ce conseil : « Choisis une ou deux actions phares et va jusqu'au bout, ne t'éparpille pas. » Venant d'un homme qui pratique la politique depuis une trentaine d'années, je ne peux qu'écouter, c'est d'ailleurs à partir de ce moment que je prends conscience de la dimension politique de ce nouveau rôle qui est le mien. J'ai donc suivi ce conseil sincère et bienveillant, et quand mon successeur a pris ses fonctions à la tête de la Chambre en 2021, je lui ai transmis : « Édouard te le dira certainement, mais je tiens aussi à te le dire moi-même. »

***

Quand on prend un poste à responsabilités comme celui-ci, mieux vaut ne pas être seule. Tout juste avant que commence cette nouvelle aventure, j'avais bien saisi l'importance du binôme que j'allais former avec mon futur directeur général. J'avais besoin d'un bras droit qui m'aide dans ce monde de représentation publique que je découvrais. Je me souviens du moment où je me suis dit qu'Éric serait idéal pour le poste. Nous étions en déplacement à Rennes avec une délégation de la ville du Havre. Un soir après le dîner, nous nous retrouvons dans le lobby de l'hôtel pour échanger sur les sujets du jour. Plus nous parlions, plus je me disais qu'il serait parfait pour le job. J'avais déjà eu l'occasion de le voir à l'œuvre quand je participais aux réunions du bureau avant de devenir présidente. Souvent, je trouvais ses remarques pertinentes, c'est un homme très réactif et j'aime quand les choses vont vite. De plus, il a une excellente culture générale, et était à la CCI depuis une quinzaine d'années, je savais qu'il me serait d'une aide précieuse. En discutant avec lui ce soir-là à Rennes, je sens que c'est la bonne personne. J'ai toujours fonctionné ainsi, au contact, au ressenti, certainement ce qu'on appelle l'intuition. D'ailleurs, dans mes entreprises, je recrute rarement sur CV, je cherche toujours à sentir ce qui me plaît chez le candidat avant de regarder ses expériences. Le savoir-être et la communication sont pour moi beaucoup plus importants. Éric m'a donc aidée à me révéler en tant que présidente.

C'est notamment lui qui m'a poussée à me mettre devant sur les photos, ce que je n'osais pas faire, et pourtant c'était moi la présidente ! Il respecte énormément le côté institutionnel de la Chambre, il a beaucoup de connaissances en finances, il a de l'humour, et surtout il décode pour moi le monde politique. Ainsi, nous avons formé un binôme efficace. Grâce à lui, j'ai pu aborder plus sereinement les relations avec les hommes politiques de la région, car il avait lui-même fait de la politique. En effet, depuis plus de vingt ans, j'avais l'habitude de gérer les personnalités et ego des managers dans mes entreprises, mais le relationnel en politique n'avait rien à voir avec ce que je connaissais. Après ma première rencontre officielle au dix-septième étage de l'hôtel de ville avec Édouard Philippe, je me rends compte que nous allons rapidement travailler de concert. Ce fut un peu moins évident avec une autre personnalité politique que je croise alors régulièrement à des inaugurations, ou lors de dîner où nous sommes souvent assis côte à côte, le président de la Région Normandie. Hervé Morin, ancien ministre de la Défense, est une des personnalités qui m'a le plus challengée, j'ai d'ailleurs mis du temps à le connaître. Néanmoins, au fur et à mesure nous apprenions à travailler ensemble et grâce à son efficacité et à son réseau, certains dossiers ont été vite débloqués. Il m'arrivait de lui évoquer un sujet entre le dessert et le café, à peine était-il dans sa voiture qu'il passait déjà un coup de fil pour faire accélérer les choses. Pendant ce mandat, j'ai été amenée à côtoyer de nombreuses personnalités publiques comme le PDG de Total Patrick Pouyanné, ou celui de CMA CGM Rodolphe Saadé, plusieurs ministres évidemment en visite au Havre comme Gérald Darmanin, Bruno Le Maire. Toute cette partie relationnelle du mandat m'a demandé beaucoup d'adaptation.

***

Petit à petit, mois après mois, je donne le ton de ce nouveau mandat. J'ai toujours eu un emploi du temps chargé, mais là je devais composer entre deux temps pleins, d'un côté mes entreprises et de l'autre la présidence. Je travaillais plus de soixante heures par semaine, le matin je pouvais animer une réunion avec le préfet de région à propos de l'aéroport de Deauville, dont la Chambre est gestionnaire, puis le midi me retrouver au service en salle ou bien en cuisine aux Enfants Sages. Cette organisation en a surpris plus d'un, mais j'ai toujours eu besoin de rester connectée au terrain. Évidemment, étant moi-même commerçante et fille de commerçant, dès ma prise de fonctions, on m'a cataloguée « présidente des commerçants ». Depuis plusieurs années, je constate tout de même qu'il y avait moins d'actions menées à leur égard, alors naturellement je cherche à les regrouper. D'autant que ce souhait coïncide avec un bel événement pour l'attractivité de notre ville : les 500 ans de la fondation du Havre, prévue en juin 2017, soit sept mois après mon élection. Cette célébration est très attendue, d'ailleurs de nombreux Havrais citoyens, élus, chefs d'entreprise, associations travaillent à préparer une fête à ciel ouvert où des milliers de visiteurs sont espérés, le tout pour faire connaître ou redécouvrir notre belle ville. Beaucoup d'argent est investi par la collectivité locale pour faire de ce rendez-vous un accélérateur économique. Ainsi, pour booster l'attractivité du commerce de proximité, je fais ce que je sais faire de mieux : fédérer. Avec quatre femmes, Mélanie, Pénélope, Isabelle et Fabienne, nous créons bénévolement une association.

Quelques semaines plus tard, nous lançons l'opération « Les Ambassadeurs du Commerce », un collectif qui n'allait pas de soi au départ, beaucoup m'ont regardée de manière sceptique quand je leur ai proposé d'adhérer. Pour finir de les convaincre, je me suis retrouvée à faire une chorégraphie en musique devant quatre cents commerçants, mais ce vent de fraîcheur a payé ! Plus de six cent cinquante commerçants et artisans ont rejoint Les Ambassadeurs du Commerce et au terme de cette belle année 2017 pour notre ville, ils m'ont confié s'être bien amusés. J'avais réussi un premier pari, saupoudrer de la joie et du plaisir tout en faisant du business. En effet, je ne conçois pas mon travail sans plaisir et tout au long de ma carrière, c'est ce que j'ai à cœur de transmettre à mes équipes. À travers ce livre également, je souhaite que chacun puisse s'interroger, se remettre en question, s'inspirer, se challenger pour instaurer ou réinstaurer du plaisir dans sa vie professionnelle. Nous passons tellement de temps chaque jour « au boulot », alors mieux vaut que ce soit le plus agréablement possible. C'est d'ailleurs une de mes obsessions : « Comment faire pour que mes équipes soient heureuses ? »

Je pense également avoir pu instaurer cette ambiance joviale et studieuse lors de mon mandat de présidente de la Chambre. Dans la continuité du collectif que j'ai créé avec les commerçants, j'ai souhaité rassembler davantage les dirigeants du territoire havrais. J'ai énormément œuvré à mettre en place un groupe fort et efficace au service de ce fameux intérêt général que j'avais découvert en prenant des responsabilités. Rapidement, je m'aperçois donc que l'industrie, le secteur portuaire et le commerce sont trois mondes bien cloisonnés alors que les problématiques rencontrées par tous ces dirigeants sont les mêmes. Les difficultés rencontrées par le directeur de l'hôpital privé de l'Estuaire étaient similaires à ce que me rapportait le patron d'une compagnie de manutention du port. Avant de pouvoir regrouper tout le monde, il m'a fallu redoubler d'efforts et de créativité. Je me souviens de ma première rencontre avec le président de l'UIMM, l'Union des industries et métiers de la métallurgie du Havre, où je me suis rendue seule, sans collaborateur de la CCI. Je suis reçue par deux hommes – le président et son directeur général – qui me prennent immédiatement de haut. À peine assise dans leur salle de réunion, j'ai senti que l'entretien serait compliqué. Dès que j'ouvrais la bouche pour prendre la parole, ces messieurs ne se privaient pas de lever les yeux au ciel. Au bout de plusieurs longues minutes, agacée, je commence à rassembler mes affaires pour partir et je leur dis : « Bon, écoutez, ce que je vous dis ne semble pas du tout vous intéresser et vous semblez perdre votre temps, je vais donc vous laisser. » Surpris, ils ont alors totalement changé de comportement. Ils m'ont retenue et ont commencé à me faire une liste de doléances longue comme le bras. Je me suis rassise, j'ai pris des notes et comme avec Élise Hauters que j'avais dû convaincre pour rejoindre ma liste lors de mon élection, j'ai promis d'améliorer les choses. Pendant cinq années ensuite, la Chambre et l'UIMM ont travaillé main dans la main. À chaque rendez-vous important avec un acteur de l'industrie, je potassais mes dossiers, car je savais que j'étais attendue au tournant. À chaque visite d'usine, je prenais des notes, j'étais particulièrement attentive, parfois je faisais semblant de tout connaître et de comprendre, puis une fois rentrée à mon bureau, je faisais mes recherches pour approfondir mes connaissances. Cela m'a pris deux années avant d'être parfaitement à l'aise avec ce milieu, qui plus est quasi exclusivement masculin. Mais au bout de deux ans, forte de mes expériences et de mes acquis, je décrochais sans souci mon téléphone pour joindre les patrons des plus importantes entreprises du territoire pour les solliciter ou leur transmettre une information.

Très liée à ce secteur industriel, j'ai aussi dû apprendre à connaître le monde portuaire havrais. Le premier port à conteneurs de France est un ensemble que l'on ne peut pas négliger quand on a des responsabilités locales au Havre. Le port fait quasiment deux fois la surface de Paris, son activité et ses bateaux gigantesques font partie du quotidien des habitants, car ils sont visibles dès que l'on se rend sur le front de mer. De nombreux Havrais travaillent directement ou indirectement avec ce secteur portuaire. En tant que Havraise, je pensais d'ailleurs le connaître, il n'en était rien ! Je vais très vite devoir apprendre, car tous les deux mois, une réunion particulière est organisée en très petit comité.

Il s'agit d'une rencontre entre le maire qui est également président de la communauté urbaine, les présidents du port et de la CCI et leurs directeurs généraux respectifs. Lors de ces réunions d'une demi-journée, d'un niveau intellectuel élevé et intense, durant lesquelles nous ne prenons pas de notes, chacun évoque des sujets transverses, parfois confidentiels. Ces partages d'information nous permettent d'être efficaces et, ainsi, de faire avancer bon nombre de dossiers en faveur du territoire. L'exercice est passionnant, ce genre de moment qui vous impressionne, vous demande des efforts et de la concentration, et vous tire vers le haut. Moi qui adore animer des réunions, lors de nos premiers échanges, je me retrouve dans la position d'une participante qui ne connaît pas – encore – tous les sujets. Mon syndrome de l'imposteur refait surface. Tout comme ma première fois au bureau de la CCI, je ne prends pas la parole immédiatement, j'observe. L'essentiel de la première réunion de ce type à laquelle j'assiste se passe donc entre le maire et le directeur du port, qui se connaissent depuis des années et ont l'habitude de travailler ensemble. Petit à petit, je trouve ma place et je prends conscience de ce que je peux apporter en tant que représentante du monde économique.

Pendant cinq ans, j'ai tout fait pour que les dirigeants des grosses entreprises locales – entre deux cents et plus de mille salariés – se réunissent et apprennent à se connaître. Ils sont une quinzaine à s'être retrouvés dans le Club des Leaders, à partager leur numéro de portable et à pouvoir réellement échanger sur des sujets qui les concernent. Évidemment, ces dirigeants se croisaient de temps à autre lors d'événements mondains, mais dès que vous fréquentez ces événements, on vous saute dessus avec des demandes : « Le fils d'un ami cherche un job, tu peux le prendre ? » « Si tu pouvais me donner un coup de main en me présentant à Édouard Philippe, ce serait sympa de ta part. »

Ensemble, dans le cadre privé du Club des Leaders, ces patrons ont pu faire avancer leurs affaires en toute sérénité et créer des synergies utiles au territoire havrais. Néanmoins, je n'ai pas réussi à jouer cette carte de la synergie jusqu'au bout comme je le souhaitais. Quand je prends mes fonctions, les Chambres de commerce et d'industrie vivent une petite révolution.

Il existait trois Chambres sur le territoire autour du Havre. En 2016, elles fusionnent toutes et je me retrouve à la tête d'une Chambre élargie. Un défi qui n'est pas évident à relever. En effet, chaque Chambre avait ses habitudes et sa façon de fonctionner. Je me suis heurtée au chauvinisme ultra local et pourtant je savais qu'Étretat pouvait apprendre de Deauville et Honfleur, par exemple, en matière de tourisme, ou que Lisieux pouvait s'appuyer sur l'expertise du Havre dans le domaine de l'industrie.

Cela dit, les habitudes ont la vie dure et chaque territoire est plus ou moins resté sur ses plates-bandes. Ainsi, le contact avec des acteurs clés a facilité la gestion de certains dossiers sensibles. Ce fut le cas de la maire de Fécamp de l'époque, aujourd'hui député. Marie-Agnès Poussier-Winsback est une femme de ma génération, énergique audacieuse, qui a envie de changement et surtout qui n'a pas sa langue dans sa poche ! Nous nous sommes retrouvées sur une même dynamique et fort heureusement pour moi, car j'ai dû faire face à de grosses difficultés concernant le dossier du port de Fécamp dont la Chambre est gestionnaire. C'est d'ailleurs une crise qui a duré tout le long de mon mandat.

Le port de pêche de Fécamp avait été oublié, il manquait cruellement d'investissement et les pêcheurs locaux s'en plaignaient très régulièrement.

Le relationnel avec eux fut assez délicat, ils m'accusaient de tous les maux alors que je n'étais en poste que depuis six mois, c'est souvent ce qui se passe quand vous prenez une nouvelle fonction et devez faire face à une fronde. Vous êtes en charge, vous êtes donc responsable des difficultés chroniques. En 2019, je me rends à Rouen, au siège du département pour une réunion importante en présence de tous les acteurs concernés par ce dossier si complexe du port de Fécamp, dans lequel il faut investir énormément d'argent sans aucune rentabilité. Dans ma voiture, pendant l'heure de trajet, je réfléchis, je me prépare. Je sais par avance que cette réunion va mal se dérouler et que je vais en prendre pour mon grade.

Je ne me suis pas trompée. Dès mon arrivée, pendant une bonne dizaine de minutes, je suis attaquée de toute part : les patrons pêcheurs, les institutionnels, les patrons utilisateurs du port, etc. « Madame Lassarat, j'ai entendu parler de vous… Il paraît que vous êtes quelqu'un de compétent, mais je constate qu'en réalité vous êtes nulle. » Après cette salve de reproches et de propos parfois à la limite de l'injure, je réponds point par point, avec assurance, sur un ton agacé mais cordial à ces messieurs (j'étais la seule femme parmi les vingt participants à la réunion). J'étais présidente de Chambre depuis trois ans, j'étais donc incollable sur les enjeux de ce dossier, je connaissais les arguments de chacun, j'étais donc à l'aise. J'ignore sincèrement comment j'aurais géré cette crise au bout de six mois de présidence. En effet, cette réunion fut l'un des plus gros affronts auxquels j'ai dû faire face. Quand vous êtes en responsabilités, les gens se permettent de déverser des paroles horribles.

La gestion de conflit est une situation que tout chef d'entreprise connaît ou aura à connaître. Si, comme moi, vous prenez les choses à cœur et très personnellement, il faut vous créer un bouclier solide ! D'autant qu'en France, les fonctions hiérarchiques importantes sont très incarnées. Vingt fois par jour, on me donnait des « Madame la Présidente », alors, forcément, je me sentais visée quand on attaquait la Chambre. Je n'étais pas préparée à cela, car dans mes entreprises j'ai toujours eu un management participatif. J'ai d'ailleurs eu de nombreuses nuits agitées et la boule au ventre au cours des premiers mois de mon mandat, ne sachant pas comment gérer tout cela. Au fil de ces cinq années de présidence, j'ai su transformer les attaques en opportunités, il m'a fallu trouver un équilibre entre investissement et prise de recul. Un avantage pour ma santé mentale et pour la Chambre car, évidemment, pendant mon mandat, j'ai dû traverser des crises qui m'ont ébranlée et incitée à la remise en question permanente.

En 2016, à peine avais-je pris cette fonction de

présidente que la ville du Havre se retrouve bloquée. Littéralement bloquée par des manifestants opposés à la « loi travail » portée par la ministre Myriam El Khomri. Pendant des semaines, les opposants ont installé des barrages aux entrées du Havre. La ville étant en bord de mer, il n'est pas compliqué d'empêcher toute circulation, il suffit de bloquer quelques points névralgiques. Pour l'économie locale, les conséquences ont été assez dévastatrices, car les salariés ne pouvaient plus se rendre sur leur lieu de travail, sur la zone industrialo-portuaire qui est l'une des plus grandes d'Europe et qui emploie plus de seize mille personnes. Mon téléphone n'a eu de cesse de sonner, des dirigeants désespérés me contactaient : « Léa, mes salariés sont bloqués sur la route, ils ne peuvent pas accéder à la zone industrielle », « Léa, ça fait deux jours que mes camions de marchandises sont coincés, à l'arrêt sur la route devant la raffinerie »…

À ce moment-là, j'étais novice dans mes fonctions et, surtout, j'ai eu énormément de mal à fédérer ces patrons inquiets. Ils étaient tous occupés à essayer de maintenir leur entreprise à flot, de remettre en marche la production. Pourtant, c'est en pleine tempête que l'on a besoin de se regrouper pour faire face et pour se coordonner. L'expérience aidant, la crise suivante en 2018-2019 fut un peu mieux gérée à mon sens. En novembre 2018, la ville est de nouveau bloquée, mais cette fois pas à l'appel des syndicats, par les citoyens. Le mouvement des Gilets jaunes envahit les ronds-points et nœuds économiques de France. Des artisans, des petits commerçants, des patrons de TPE, des citoyens se rassemblent pendant plusieurs week-ends avec chaises, tables, tentes, barbecue pour dénoncer la flambée des prix des carburants avec un gazole qui frôlait les 1 € 50. La détermination de ces citoyens a installé ce mouvement dans la durée, si bien que la période des fêtes de fin d'année 2018 fut mauvaise pour bon nombre de commerçants, et beaucoup au Havre ont ensuite mis la clé sous la porte.

À cette époque, les dirigeants se connaissaient davantage, j'avais eu le temps de créer des Clubs, des groupes de travail, etc. Ce collectif a ensuite prouvé toute son utilité pendant la crise suivante entre 2019 et 2021 : la pandémie de Covid. La situation en France comme partout dans le monde était bien évidemment inédite. À ce moment, les CCI ont déployé leur force. Tout est allé très vite, car cette fois tout le monde a joué la carte du collectif. Avec mes élus, nous avons mis en place des réunions en visio pour garder le lien, échanger sur les bonnes pratiques envers nos salariés confinés chez eux, comprendre et accéder aux dispositifs d'aides gouvernementaux…

La CCI du Havre a été le premier acteur local à distribuer des masques quand nous en manquions cruellement. Mon job de présidente pendant ce début d'année 2019 est de rassurer, d'informer rapidement, de garder le contact avec mes dirigeants et mes deux cents élus à qui j'ai envoyé, à chacun, un message personnalisé. Très vite, mon temps a été cent pour cent dédié à la Chambre. Au mois de mars, Édouard Philippe, qui avait quitté la mairie du Havre pour devenir Premier ministre, annonce la fermeture des cafés et restaurants. Évidemment, comme tous les patrons de ce secteur d'activités, je suis décontenancée. J'ai cent salariés à mettre au chômage technique et des produits frais dans mes cuisines dont je ne sais pas quoi faire. Je ne regarde jamais la télévision, mais là, comme la majorité des Français, je scrutais chaque intervention du président de la République.

En tant que patron, on n'a pas l'habitude de nous dire ce que l'on doit faire, mais à ce moment-là nous étions tous dépendants. Dès que l'allocution se terminait, mon cerveau entrait en ébullition, analysait la situation, priorisait les actions à faire et bien sûr mon téléphone ne cessait de sonner. « Comment je fais pour que mes équipes ne se sentent pas seules ? Le restaurant, c'est un peu leur famille… » « Comment je maintiens du lien entre eux ? » Je pensais aussi à tous ces dirigeants d'entreprises qui étaient seuls, sans entourage, sans réseaux. En tant que présidente de Chambre, mais aussi en tant que chef d'entreprises, je me dois de continuer à avancer même si je ne sais pas dans quelle direction. À mes équipes et à mes dirigeants, je répète : « Je n'ai pas de réponse, comme vous je suis dans le flou total, mais on va se serrer les coudes. » Après le choc de ces annonces gouvernementales, ces fermetures et ces confinements, j'ai pleinement pris la dimension de mon rôle et de l'utilité de la Chambre.

***

Au-delà de ces crises nationales qui ont eu une répercussion locale, trois événements m'ont particulièrement marquée pendant ces cinq ans de mandat. Le premier qui m'a valu de nombreuses nuits blanches et des pics de stress intense fut « la crise des Ponts ». La Chambre de commerce et d'industrie du Havre est propriétaire de deux ponts célèbres. Le pont de Tancarville, construit en 1959, avait pour rôle de permettre le passage entre les deux rives. À l'époque, les prouesses techniques excluaient d'imaginer un pont plus près de la sortie de l'estuaire. Il faudra attendre 1995 pour que le pont de Normandie vienne rapprocher encore Le Havre du territoire bas normand,et permette une circulation de « l'autre côté de l'eau » comme disent les Havrais, à savoir Honfleur, Caen, Deauville.

Des millions d'euros, de l'argent public bien sûr, avaient été investis dans la construction et l'entretien de ces ouvrages qui connectent la Normandie et qui sont empruntés chaque jour par des milliers de véhicules. Le modèle économique mis en place par la Chambre est complexe, ingénieux et surtout très tendu. Il repose essentiellement sur les péages, or, en période Covid, tout le monde est confiné, plus aucun véhicule ne circule sur ces ponts, ce qui représente quarante pour cent de recettes en moins. Le modèle économique est donc à bout de souffle. Je prends conscience que la Chambre n'a plus les moyens de rembourser les millions d'euros qu'elle doit aux banques chaque mois. Si je ne trouve pas une solution, la Chambre devra être mise sous tutelle et, de fait, perdra son autonomie.

À cet instant, j'ai senti un poids énorme sur mes épaules, je n'en ai pas dormi. Il fallait que je trouve deux cents millions d'euros. Pour m'épauler dans cette tâche, je constitue un groupe de cinq personnes en qui j'ai toute confiance, l'expertise de chacun me permet de prendre des décisions éclairées. Chaque jour, je passe des heures au téléphone à traiter ce dossier. Cela a pris un an. Une année d'angoisses, de questionnements permanents, de recherche de solutions, de dialogue et de négociations. Là aussi, j'ai senti la force de l'intérêt général et du collectif, à travers les réunions de crises à la sous-préfecture. Ce fut un superbe travail d'équipe pour résoudre cette affaire, un dossier extrêmement stressant pour moi, mais passionnant intellectuellement. Heureusement c'est arrivé à la fin de mon mandat, j'avais acquis de l'expérience et renforcé encore un peu plus ma confiance, sinon je n'aurais jamais osé appeler le préfet de la région un dimanche soir !

Le deuxième événement qui m'a ébranlée a eu un retentissement local important. Au printemps 2018, une salariée de la CCI a tenté de mettre fin à ses jours, dans son bureau, devant une collègue. Tout le monde était sous le choc. Je n'étais pas au Havre lors de ce tragique événement, alors c'est mon DG qui m'a immédiatement appelée pour m'informer de la situation. Cet événement inédit au sein de la Chambre, que n'importe quel dirigeant peut avoir à traverser, j'ai essayé de le gérer du mieux que j'ai pu. En premier lieu, j'ai pris des nouvelles de cette personne, j'ai tenu à savoir si son entourage avait été prévenu parce que je savais d'expérience que les médias locaux allaient s'intéresser à la situation et que dans ce cas, tout va très vite. Ensuite, il était primordial de soutenir les équipes grâce à une cellule psychologique. Avec mon DG, nous avons tenu à regrouper tout le monde pour échanger sur la situation, que chacun puisse s'exprimer librement, un moment de partage et de cohésion nécessaire. Enfin, tout dirigeant confronté à un événement délicat de ce type doit gérer la presse. Il faut, à mon sens, être très vigilant dans sa communication afin de préserver l'entourage de la personne concernée tout en donnant les faits. Suite à cet événement, j'ai pris des nouvelles de cette collaboratrice et de sa famille pendant plusieurs semaines.

Le troisième et dernier événement qui m'a marquée personnellement remonte à janvier 2020. Le gouvernement prépare alors le terrain à la réforme des retraites et de nombreux manifestants s'y opposent. Les traditionnelles cérémonies de vœux sont un peu partout perturbées en France. D'ailleurs, l'une des cérémonies de vœux de la mairie du Havre qui se déroule dans les grands salons de l'hôtel de ville a tourné au fiasco quelques jours plus tôt. Les neuf cents invités se sont retrouvés bloqués à l'intérieur, certains évacués par le parking souterrain en raison de manifestants qui s'étaient introduits dans les grands salons. Ils avaient saccagé le buffet et s'en donnaient à cœur joie avec les bouteilles de champagne.

Malgré ce contexte, j'avais souhaité maintenir les vœux de la Chambre, mais j'ai dû tout annuler quelques heures avant la venue des six cents invités. Ce soir d'hiver, je suis dans mon bureau au quatrième étage, nous sommes une quinzaine dans le bâtiment et une centaine de manifestants très virulents s'en prennent à la devanture en verre. Ils jettent des pétards, des cocktails Molotov artisanaux, le bâtiment tremble sous cet assaut. Nous sommes donc encerclés, prisonniers du lieu. Je suis sur le palier de l'étage, je regarde en dessous vers le hall et je vois des fumigènes, des éclairs dans tous les sens, je me tiens à la rambarde en constatant cette violence inouïe. D'ailleurs, un commissaire de police a eu un doigt arraché après un tir de pétard. Ce soir-là, tous ceux qui étaient présents dans le bâtiment se sont sentis pris au piège et nous avons eu très peur. J'ai senti toute la colère et la haine anti-patron de ces manifestants, ce qui évidemment m'attriste profondément.

***

Début 2021, il ne me reste que quelques mois de mandature, je commence alors ma réflexion sur la suite de mon parcours. Assez rapidement, je décide de ne pas me représenter pour un second mandat à la tête de la Chambre, ce qui est rare. Beaucoup ne l'ont pas compris, beaucoup d'hommes d'ailleurs. Alors, pour m'aider à prendre ma décision, comme beaucoup d'entre vous certainement, j'ai eu besoin de me poser et de faire une liste de plus et de moins !

J'avais peur de m'ennuyer, car j'avais ce sentiment d'avoir fait le tour de ce que je pouvais apporter. Je me suis rendu compte que je n'avais tout simplement pas l'envie de poursuivre. J'ai vécu cinq années formidables, riches de rencontres et d'expériences fortes. La relation construite au fil des ans avec les autres présidents de Chambre du territoire normand m'a énormément marqué. Avec Gilles, Vincent, Michel,

Manuel, Daniel et Jean-Michel, on se voyait souvent, je garde en mémoire des moments très conviviaux avec eux. Cela dit, je savais que si cela durait cinq années de plus, je pourrais m'habituer aux « Madame la Présidente », être déconnectée du réel, or j'avais ce besoin viscéral de retrouver le terrain et de continuer les projets rangés dans un coin de ma tête depuis des mois. Le changement n'a jamais été problématique pour moi, au contraire, j'aime les nouvelles aventures. Je trouve la perception du temps assez étrange, car quand je repense à ce mandat, je me dis que cinq ans est à la fois un temps court, mais aussi très long. J'ai donc annoncé ma décision à mon DG et à Brigitte, mon incroyable cheffe de cabinet qui m'avait parfaitement accompagnée toutes ces années. Au terme de ces cinq ans, j'étais fière du travail accompli et de laisser cette Chambre dans de très bonnes conditions financières.

Dès que j'ai rendu ce mandat, j'ai senti un poids en moins sur mes épaules. En débarrassant mon bureau au quatrième étage, j'ai repensé au moment où, six ans plus tôt, Vianney m'avait proposé de lui succéder. J'ai revécu cette hésitation. Finalement, cinq ans après, j'étais fière d'avoir accepté sa proposition, heureuse de ne pas m'accrocher à ce pouvoir local et j'ai laissé ma place à mon ami Yves avec plaisir.

4

« Femmes & Challenges »

Durant ma présidence à la CCI, quelque chose me frappe assez rapidement. À chaque inauguration, à chaque visite ou rencontre business, je constate que je suis la seule ou l'une des rares femmes présentes. « Mais où sont les femmes ? » Je découvre que les acteurs économiques locaux d'importance sont essentiellement des hommes. Grâce à mon éducation et mon expérience professionnelle, je n'ai jamais ressenti cette réalité. Au bout de quelques mois, je prends donc conscience que dans les réseaux que je fréquente de plus en plus, elles sont absentes. Je ne suis pas naïve, je sais qu'il y a des différences de représentation dans le monde économique. Mais pour mieux comprendre, je m'attelle à faire des recherches, je lis des études, je regarde des statistiques, j'interroge les rares femmes dirigeantes que je croise : « Pourquoi n'êtes-vous pas présente à telle réunion de réseaux ? telle inauguration ? » Elles me répondent toute la même chose : « Pour quoi faire, Léa ? » Et là, les bras m'en tombent…

Pour elles, réseauter est une perte de temps. Au travers de mes lectures, je découvre aussi ce fameux « syndrome de l'imposteur », je me rends compte qu'en réalité je l'ai expérimenté de temps à autre, évidemment sans en avoir conscience, mais je sais également que cela ne m'a pas impactée outre mesure, ce qui n'est pas le cas de toutes, bien entendu. Je décide donc de prendre à bras-le-corps ce sujet et c'est à ce moment de ma vie que je découvre en moi une réelle envie d'engagement pour une cause. Tout d'abord, je découvre que si des femmes sont présentes dans les CODIR – les comités de direction – des entreprises, statistiquement, les résultats de ces entreprises sont meilleurs ! Je repense alors au conseil que m'a donné Édouard Philippe lors de notre première rencontre officielle, choisir une ou deux actions phares pour mon mandat. L'entrepreneuriat féminin devient donc mon cheval de bataille. Pour moi, il est évident qu'il faut faire bouger les lignes, que les femmes aient toute leur place dans le monde entrepreneurial, mais il faut surtout qu'elles osent la prendre.

Je décide alors de rassembler plusieurs femmes de tous horizons, avec des profils différents, pour évoquer le sujet et agir. J'invite des amies, des amies d'amies, des relations, des connaissances à me retrouver autour d'un déjeuner à la CCI. Nous sommes dix-neuf à nous réunir en 2017, un midi, au cinquième étage de la Chambre. Ces femmes ne se connaissent pas puisqu'elles ne réseautent pas ! C'est l'occasion pour elles de se rencontrer et de découvrir pourquoi je les ai conviées. En effet, j'avais tenu à garder le mystère pour éviter les *a priori* ou les défections. Pour commencer ce déjeuner, je propose un tour de table : « Chacune d'entre vous se présente : qui êtes-vous ? Quelle est votre entreprise ? Et si je vous dis "entrepreneuriat féminin", qu'est-ce que cela vous évoque ? » Je me souviens très bien que toutes ces femmes étaient très studieuses, elles ont écouté ce que chacune avait à dire. Comme moi, beaucoup prenaient conscience de ce phénomène.

Afin de bien replacer l'événement dans son contexte, nous sommes en 2017, le tsunami Me too n'a pas encore éclaté et on parlait très peu dans les médias de l'entrepreneuriat féminin. Au fur et à mesure du déjeuner, les langues se délient. Plus le tour de table progresse, plus chacune analyse sa propre carrière professionnelle, ses freins, ses obstacles, ses objectifs au regard de ce que venaient de raconter les autres. À ce moment-là, je sens qu'il se passe quelque chose. À la fin du tour de table des présentations, je fais un discours d'une dizaine de minutes à ma façon. Je leur fais part de mon idée de créer un réseau pour booster l'entrepreneuriat féminin.

Ces dix-neuf femmes ont immédiatement été emballées, elles se sont senties concernées et, surtout, elles aussi avaient une forte envie de changement. Nous avons été plus qu'efficaces ce jour-là ! En deux heures et demie, au déjeuner, nous avons mis en place les fondations du réseau. Il y avait quatre tables disposées dans la salle et j'avais confié à chaque table un sujet sur lequel réfléchir : les valeurs, le nom, les objectifs… Puis, collectivement, nous avons décidé du logo : deux femmes en tailleur pantalon et jupe avec des talons aiguilles, ordinateur et gobelet de café en main. Nous souhaitions volontairement un logo féminin qui se différencie de ce qui avait déjà été fait.

Nous fixons également deux objectifs au terme de ce déjeuner. Le premier : avoir cent membres en un an ; le second : organiser un événement pour faire connaître le réseau et nos idées. En 2017, la Région Normandie est classée à la huitième place sur treize pour le nombre de créations d'entreprises par des femmes. Intimement, je me fixe comme but de remonter dans ce classement.

***

Il existe alors quelques réseaux en Normandie, mais à mon sens peu ou mal connus. Mon idée est que Femmes&Challenges devienne « le réseau des réseaux », celui qui fédère et non pas, bien sûr, celui qui écrase ceux déjà existants. Cela dit, je considère qu'il faut avoir beaucoup plus d'impact.

Je profite alors de ma notoriété locale en tant que présidente de CCI pour donner un coup d'accélérateur à l'entrepreneuriat féminin normand, ce qui ne m'avait même pas effleuré l'esprit quand j'ai pris mes fonctions en novembre 2016. Je décide donc de financer une partie de ce réseau grâce à la Chambre. Au démarrage, nous n'avons aucun partenaire, d'ailleurs mon engouement, et celui des dix-neuf membres fondatrices, les « Core Members », ces femmes que j'avais réunies, n'est pas réellement partagé quand j'essaie de promouvoir notre réseau. Je constate les regards gênés et les sourires en coin, venant essentiellement d'hommes. « Léa, tu ne crois pas qu'il y a plus important à faire ? » J'imagine aisément les pensées de ces messieurs : « ça y est, elle va nous faire son truc de bonne femme. »

Cela dit, même des femmes sont sceptiques quant à cette initiative. Je me souviens d'une journée où j'ai croisé une amie d'enfance. C'était au Havre, en centre-ville, près de l'espace culturel Niemeyer. Je lui explique la création du réseau et, gentiment mais sûrement, elle me répond : « Non Léa, jamais je ne te suivrai là-dedans. » Aujourd'hui, elle est devenue l'une de nos membres les plus actives ! Je dois dire que je m'attendais à affronter des freins côté masculin, mais je n'avais pas vu venir les blocages venant des femmes elles-mêmes. « Mais pourquoi veux-tu nous mettre dans une case ? » « Le fait d'être une femme cheffe d'entreprise ? En aucun cas c'est un problème pour moi, je m'entends très bien avec mes collègues masculins. » Évidemment, l'enjeu n'était pas là. Dès le commencement de ce réseau, il était évident pour moi qu'il ne devait pas être catalogué « féministe militant »

Je ne souhaitais pas exclure les hommes ou les stigmatiser. D'ailleurs, certains l'ont bien compris et ont intégré le réseau rapidement. Femmes&Challenges a toujours été un réseau mixte. Pourtant, en 2017, il y avait de plus en plus d'actions ou de prises de parole en France « anti-homme », allant parfois jusqu'à un réel rejet. À chaque réunion du réseau, chaque briefing, j'insistais sur ce point : la mixité est la valeur première du réseau et elle est d'ailleurs au centre de toutes nos actions. Les réseaux féministes militants existaient déjà, Femmes&Challenges n'avait pas vocation à en devenir un. Cependant, certaines membres souhaitaient emmener le réseau sur ce terrain, j'ai dû recadrer les choses.

Mon enthousiasme et celui des membres fondatrices n'étaient, en réalité, pas partagés autant que ce que nous espérions. Je déploie alors une énergie considérable pour mettre en route ce réseau Femmes&Challenges. Bien entendu, Didier suit cette aventure étape par étape. Il trouve l'idée géniale et, surtout, cette décision de créer un réseau ne le surprend pas. À chaque fois que je rentre d'une inauguration, il entend le même discours de ma part : « Tu te rends compte, il n'y avait que deux femmes et aucune n'a osé se mettre en avant sur la photo officielle. » Il est un soutien essentiel comme d'habitude, ce qui ne fut pas aussi évident pour d'autres membres de ma famille, notamment les femmes. Maman n'a pas compris, elle fait partie d'une génération où les femmes faisaient énormément de choses à la fois et ne se posaient pas de questions, c'était ainsi. En réalité, elle ne voyait même pas le problème, il faut dire qu'elle a eu un modèle de mère assez libre et une belle-mère commerçante qui travaillait beaucoup. Mes filles ont également été sceptiques à l'annonce de la création du réseau. J'ai même eu des remarques du style « tu es beaucoup trop féministe », et je garde en mémoire des discussions sur la définition du féminisme ou encore des échanges d'articles de presse sur le sujet.

***

À l'aube de notre premier événement, toutes les vingt nous travaillons énormément, bénévolement car nous sommes convaincues que notre action est utile et nécessaire. Chacune de ces femmes démarche, parle du réseau, apporte sa patte, son idée… Sans l'énergie des membres fondatrices – Élise, Cécile, Elsa, Karine, Isabelle, Sophie, Élise, Clothilde, Annie, Karin, Janette, Laurence, Pénélope, Annie, Isabelle, Marie-Paule, Pascale, Marielle – le réseau ne serait pas ce qu'il est aujourd'hui. Cette première année ne fut pas facile, mais l'énergie autour du projet était si belle qu'au fond de moi je me doutais que « la mayonnaise allait prendre » ! Le 15 novembre 2017 fut une journée intense que je n'oublierai pas. Nous y sommes, le réseau organise son premier événement pour inspirer les femmes et promouvoir l'égalité professionnelle ainsi que la mixité en entreprise. Une soirée de conférences inspirantes avec des femmes extraordinaires qui ont accepté de jouer le jeu et de venir bénévolement partager leur expérience sur scène. L'événement se déroule au Magic Mirrors au Havre, un superbe chapiteau rouge de style cabaret, avec une magnifique piste de danse en bois circulaire. Tout autour, des tables et des bancs avec des miroirs sont disposés.

L'endroit est intimiste et chaleureux, c'est parfait. Je me rappelle l'excitation qui est la mienne ce jour-là, quand, avec toutes ces femmes engagées, nous avons installé les chaises pour les conférences, les affiches sur les portes d'entrée. Nous avons tout organisé avec les moyens du bord, les voitures de chacune, l'aide des amis pour la logistique, les meubles de mes restaurants pour décorer, je me souviens que le lieu était envahi de bonnes ondes et d'excitation. Nous avions prévu un stand pour adhérer, un espace « mentoring » avec quinze femmes et hommes qui avaient accepté de donner de leur temps pour aider celles qui cherchaient leur voie professionnelle. Je me souviens de chacun d'entre eux, je leur étais tellement reconnaissante de donner de leur temps et de leur énergie. Je pense en particulier à mon ami Jean-Louis, entrepreneur incroyable, à la tête d'une très grosse entreprise, qui dès les premiers pas du réseau et encore à ce jour, nous a soutenu fortement. Quelques heures avant l'arrivée du public, je me sens euphorique, mais aussi très stressée. « Et si personne ne vient ? » Ce soir-là, près de trois cents personnes, en grande majorité des femmes, sont venues assister au premier événement du réseau Femmes&Challenges. Beaucoup ont adhéré par la suite, nombreuses sont celles qui m'ont remercié : « Je me suis reconnue dans les témoignages », « Maintenant, je me dis que si elle y arrive, moi aussi je peux ! » Les sceptiques du début ont compris que le réseau n'avait pas vocation à être donneur de leçons, mais au contraire à inspirer.

J'étais tellement convaincue du bien-fondé de cette action que je ne faisais même pas attention aux détracteurs. Petit à petit, le réseau prend de l'ampleur et se développe au-delà du Havre. Je recrute alors Johanna comme responsable de réseau. Je connaissais Johanna depuis Interior's où elle s'était occupée du développement international. Quand je la contacte, elle travaille en free-lance. Je lui propose de gérer le réseau, mais lui dis de conserver des activités en parallèle, car au départ je ne peux pas la rémunérer comme un temps plein. C'est aussi en partie grâce à son investissement que le réseau a grandi et prospéré. Petit à petit, nous proposons régulièrement toute une série d'actions et d'événements. Nous organisons, partout en Normandie, des cafés-rencontres, des workshops pour évoquer des problématiques communes et des regards croisés pour continuer d'inspirer grâce au partage d'expérience. Le premier regards croisés que nous avons organisé s'est déroulé dans un restaurant géré par l'une de nos membres à l'époque, la Colombe Niemeyer. J'avais choisi trois femmes pour venir témoigner de leur parcours : une dirigeante propriétaire, une dirigeante salariée et une porteuse de projet. Ce soir-là, quatre-vingts femmes ont répondu à l'appel et sont venues assister à cet événement. Depuis, nous avons conservé cette formule.

De fil en aiguille, les femmes qui participent à nos soirées et adhèrent à Femmes&Challenges se rendent compte que « réseauter » n'est pas un gros mot et d'une certaine manière, elles se sortent de la tête l'image caricaturale d'un réseau : un club d'hommes qui fument le cigare dans un salon feutré. Je remarque d'ailleurs que la manière de réseauter des femmes n'est pas du tout la même que celles des hommes. Les hommes se rencontrent avec comme intention de faire du business et ensuite de partager des expériences ou des connaissances. Pour les femmes, c'est l'inverse. Elles se sentent à l'aise dans un workshop ou un regards croisés parce qu'elles viennent écouter, s'enrichir, réfléchir à des sujets importants pour leurs business. Ensuite, une fois le contact établi, elles osent davantage se parler et, naturellement, la partie business va prendre le relais. Quand j'étais directrice générale d'Interior's et que je fréquentais de temps à autre quelques réseaux, je n'avais aucun intérêt à arriver avec mon carnet de commandes pour vendre une armoire ou une table de chevet à ces messieurs. Je venais pour savoir comment ils allaient gérer la prochaine hausse des salaires ou bien les dernières réglementations en matière d'exportation et si, de fil en aiguille, il y avait une opportunité pour faire affaire, celle-ci se mettait en place tout naturellement.

***

Les événements Femmes&Challenges ont fait boule de neige, les femmes venaient avec des amies pour être en confiance, à plusieurs elles se sentaient plus légitimes. Au départ, nous avions dans le réseau énormément de femmes chefs d'entreprise, puis le public s'est élargi aux femmes porteuses de projets et enfin à toutes celles qui sont ou souhaitent être audacieuses dans leur carrière professionnelle. Rapidement, avec Johanna et les « Core Members », nous décidons de mettre en place tous les ans un événement comme au Magic Mirrors. C'est la naissance du Forum Femmes&Challenges, que j'ai imaginé comme une rencontre nationale du business au féminin. Pour notre première édition en 2019, nous avons envie de voir les choses en grand. Après tout, nous avions réussi avec peu de moyens à mobiliser une centaine de femmes au Havre, cette fois nous fixons comme objectif de réunir cinq cents femmes à Deauville, ville normande connue et reconnue. Je prends donc mon bâton de pèlerin et commence à démarcher des partenaires. Mon premier rendez-vous est avec le maire de Deauville Philippe Augier et sa femme Béatrice Augier, que je côtoyais via la Chambre. Je me souviens très bien de ce moment fondateur pour le réseau, lorsque je m'installe dans ce bureau cosy de la mairie de Deauville. Je leur explique que le réseau souhaite booster l'entrepreneuriat féminin et je sollicite leur aide. Immédiatement, ils acceptent et surtout m'ouvrent leur carnet d'adresses. Ils sont même allés plus loin encore en contactant certaines personnes directement pour leur demander de participer ou de soutenir le forum. C'est ainsi que nous avons pu avoir sur scène l'écrivaine Katherine Pancol, une de leurs amies, ou encore un partenariat médiatique avec *La Tribune*. Philippe et Béatrice Augier ont grandement contribué au succès de ce premier forum qui a eu lieu au Centre international de Deauville en 2019.

D'ailleurs, toujours grâce à leur concours, nous n'avons pas eu à payer la salle, ce qui est une aide précieuse quand on organise un événement. Pour ce forum, j'avais également sollicité comme partenaire une banque et trois entreprises havraises qui ont accepté avec joie. Finalement, ce jour de décembre 2019, non seulement, nous avons battu le record d'affluence pour atteindre un nombre de sept cents participants – dont quelques hommes – venus écouter des témoignages inspirants de cheffes d'entreprise, de créatrices, de dirigeantes, mais nous avons également partagé des moments incroyablement émouvants et sincères. J'en garde beaucoup de souvenirs comme l'arrivée de Mme Édith Cresson, la première et seule femme ayant été Premier ministre à l'époque. Je l'accueille et l'accompagne dans le salon VIP avant sa prise de parole. Elle me prévient d'un ton ferme qu'elle a peu de temps à nous consacrer et repartira juste après son intervention. Je prends quelques minutes pour lui expliquer les fondations de Femmes & Challenges, nos valeurs et nos objectifs. Elle m'écoute avec beaucoup d'attention et me parle de son expérience. Puis lors de son intervention de vingt minutes, ayant ressenti la bienveillance du public, elle est finalement restée avec nous quatre heures d'affilée. Lors de ce forum j'ai également eu l'honneur d'interviewer Katherine Pancol pendant quarante minutes sur la scène devant un parterre totalement ébahi par sa spontanéité et la sincérité de ses propos.

J'avais envie de pleurer de joie, j'étais tellement fière et émue de notre premier forum. Une centaine de participants pour notre première édition au Havre, sept cents pour la seconde à Deauville, la machine du forum était lancée.

***

Parmi les personnes qui ont contribué à la réussite du réseau, il y a la vice-présidente de la Région Normandie en charge de l'économie. Sophie Gaugain s'est investie dès le début de l'aventure. Il me semble que les valeurs que nous portions à travers Femmes&Challenges résonnaient personnellement pour elle. Pour ma part, j'ai été très touchée qu'une femme politique s'implique autant, sans attendre de retour. Elle est d'ailleurs présente à chaque édition en tant que partenaire, et aussi en tant qu'intervenante où elle nous partage son parcours de femme en responsabilités. Agnès Firmin-Le Bodo (ancienne ministre, députée et adjointe à la mairie du Havre) est également une femme politique de terrain qui a soutenu le réseau depuis ses débuts. Agnès a toujours pris le temps de passer au forum. Nous avons aussi souvent l'occasion de nous retrouver au stade Océane, car nous sommes toutes deux fans de football et du HAC, le club havrais. Ce sont toujours des instants agréables où nous pouvons échanger, entre autres, sur cette problématique de la mixité en entreprise et de l'égalité femme-homme.

Chaque année, pendant la préparation du forum, nous avons gardé l'esprit de la première fois. Nous ne faisons appel à aucune agence, nous organisons et gérons l'installation grâce aux forces vives du réseau, donc en grande partie bénévolement et avec l'aide des équipes de la Chambre, car Femmes&Challenges n'a que deux salariées. Les canapés cosy, les tapis et les coussins sur scène proviennent toujours de mes restaurants ! Avec l'engouement, nous avons pu organiser le forum dans des salles plus grandes, avec un public bien plus nombreux. Les mois d'automne précédant le jour J sont toujours d'une grande intensité. Quand j'étais présidente du réseau (2019-2023), je gardais la main sur le choix des intervenantes pour les conférences et masterclass. Je rencontrais personnellement chacune d'entre elles. Je leur expliquais les valeurs du réseau, ce que nous souhaitions transmettre au public et comment elles pouvaient nous y aider. Parfois, j'avais besoin d'en canaliser certaines, d'en booster d'autres. En tout cas, je leur demandais à toutes le même engagement : ne pas faire leur promotion en parlant de leur entreprise sur scène, de toute façon, ça se ferait naturellement ; ne pas surjouer et rester naturelle ; raconter des anecdotes professionnelles et personnelles ; oser dire les choses. Il était important pour moi qu'elles saisissaient ce que je souhaitais, un équilibre entre proximité et business.

Nous n'avons eu que très peu de réponses négatives d'intervenantes que nous avions sollicitées, même lors des toutes premières éditions. À chaque édition du forum, je m'applique à faire monter sur scène des femmes connues, des citoyennes comme vous, des politiques, des sportives, des créatrices, des financières, des Normandes, des Parisiennes… Je veux de la diversité pour que chaque femme présente dans le public puisse s'identifier et retirer le meilleur des témoignages. Nous avons eu le plaisir d'accueillir Anne Lauvergeon, Sarah Poniatowski (maison Sarah Lavoine), Corinne Calendini (Axa), Céline Lazorthes (Leetchi), Sophie Delafontaine (Longchamps), Marie Eloy (Bouge ta boite), Édouard Philippe, Bérangère Ô (Big Mamma) et tellement d'autres personnalités inspirantes ! Aujourd'hui, six ans après la création du réseau, nous comptons mille deux cents membres, quasiment autant à chaque édition du forum en décembre, dont vingt pour cent d'hommes qui y assistent. La Région Normandie est passée de la huitième place à la deuxième place dans le classement des régions les plus créatrices d'entreprises par des femmes.

***

Depuis quelques années, la parole des femmes s'est libérée sur de nombreux sujets, d'une certaine façon, elles sont nombreuses à ne plus se laisser faire ou à oser prendre des décisions impactantes pour leur entreprise ou leur vie professionnelle. Ceux qui étaient sceptiques au démarrage du réseau ont désormais bien compris qu'en faire partie les servirait. En regardant le chemin parcouru, je suis évidemment satisfaite, mais je me dis également que la route est encore longue. Je considère que ce sera une réelle réussite quand nous n'aurons plus besoin de ce genre de réseau ou d'événement. Pour l'instant, la société doit faire évoluer les choses, mais les femmes doivent aussi oser prendre leur place. Quand je discute avec elles, j'entends de façon récurrente : « J'aimerais faire ça pour mon business », « Ça serait super si je pouvais faire ça pour mes salariés. » Je leur réponds toujours la même chose, peu importe la problématique : « Fais-le, vas-y, ose ! »

Souvent, dans leurs carrières professionnelles, les femmes pensent qu'il faut faire une seule chose parfaitement bien à la fois. Pourtant, dans nos vies de femmes, de mère, nous nous adaptons en permanence à diverses problématiques. Nous ne remarquons même plus cette capacité d'adaptation au quotidien. « Léa, je ne peux pas venir participer à une conférence, mon entreprise va mal, je dois me concentrer là-dessus. » À ce genre de remarque, je réponds : « Au contraire, si ça va mal, tu as besoin de te nourrir des autres, d'aller voir ce qui se fait ailleurs pour progresser ou te redresser. » Je remarque que, malgré les avancées des dernières années, l'image de la *wonder woman* colle encore bien à la peau de bon nombre d'entre nous. Les femmes sont trop perfectionnistes, les hommes ne se posent pas autant de questions. Ce qui, en soi, est un bel atout devient pour la plupart du temps un handicap. À force de vouloir faire parfaitement à chaque fois, on hésite et on ne fait rien. Mesdames, la *wonder woman* n'existe pas ! Dans nos vies, nous traversons des phases, parfois nous sommes davantage à nos carrières, parfois plus tournées vers notre famille, c'est ainsi et c'est très bien. Je rêve que chacune puisse trouver son équilibre comme ce fut mon cas, car je n'ai jamais eu l'impression de choisir entre ma vie de famille et mon travail.

5

Maman et entrepreneure

À chaque rencontre du réseau Femmes&Challenges, ou bien lors de conférences auxquelles je suis invitée, on me demande régulièrement si j'ai des enfants. J'en ai trois, deux filles et un garçon, ce qui généralement interpelle : « Ah bon ! Mais comment fais-tu entre tes entreprises et tes enfants ? » Bien que je sois désormais habituée, je reste interloquée par les questions qu'on ose poser aux femmes et pas aux hommes. Je n'entends jamais des animateurs de conférences demander à des hommes comment ils vivent l'équilibre entre leur vie professionnelle et personnelle. Cela dit, peut-être devrions-nous ?

D'ailleurs, ces réflexions et ma propre organisation m'ont là encore donné une nouvelle idée d'entreprise. Un dimanche, alors que je procrastinais dans mon canapé, que je manquais clairement d'envie pour cocher toutes les cases de ma *to-do list*, je me suis demandé qui pourrait m'aider dans toutes ces tâches personnelles que j'avais à réaliser, comme gérer des colis Vinted, refaire des papiers administratifs ou me donner des idées cadeaux pour des membres de la famille. J'avais bien sûr à mes côtés mon assistante professionnelle Hélène depuis des années, mais il n'était pas question pour moi de lui confier ces tâches liées à ma vie privée. À force de recherches sur Internet, je vois bien qu'il existe des assistants personnels à distance, en digital, mais ce n'était pas ce dont j'avais besoin, il me fallait une personne en chair et en os.

À ce moment-là, ma réflexion est simple : « Si cela n'existe pas, je vais le créer ! » En 2023, je lance donc « Mon Assistant Personnel », une société qui permet aux entreprises de fidéliser leurs collaborateurs en leur proposant un assistant personnel qui peut donc gérer pour eux des aspects de leur vie privée. Mon Assistant Personnel est une entreprise de services, ce qui est pour moi une grande première. Toute ma vie, j'ai vendu des produits : des lampes, des meubles, des franchises, mais jamais de prestations de services. Cette nouvelle expérience me permet de recruter des personnes qui sortent du cadre classique et dont les profils n'intéressent pas forcément les entreprises. Le vivier de cinquante assistants personnels qui s'est constitué pendant l'année 2022 est composé majoritairement de femmes et de seniors : des personnes uniquement à temps partiel. Chacun y trouve son compte, j'ai recruté des commerçants ou des infirmières qui souhaitent un complément de salaire, des retraités qui cherchent une activité pour garder un pied dans le monde du travail et mettre du beurre dans les épinards ou bien des femmes au foyer qui allient ainsi vie de famille et activité professionnelle. Tout est d'ailleurs parti de là, cet équilibre que j'ai moi-même cherché à conserver toute ma vie.

Malheureusement, l'aventure Mon Assistant Personnel n'a duré qu'une petite année. Il y a eu des clients certes, des entreprises de diverses tailles qui étaient ravies d'avoir ce service, mais pas assez. Je n'ai pas pu m'investir comme je l'aurais souhaité dans cette entreprise, car, en parallèle, j'étais en pleine ouverture de La Grande École et ce projet me prenait plus de temps. J'ai dû faire le choix de fermer une de mes entreprises, ce qui ne m'était encore jamais arrivé. Toutes les entreprises que j'ai créée fonctionnent toujours. J'ai donc découvert comment on termine une aventure. Avec la directrice, Sophie, nous avons pris la décision ensemble, en toute connaissance de cause. Fermer une société est bien plus complexe que d'en ouvrir une. En effet, lors de la création, l'excitation vous donne des ailes, bien que la partie administrative ne soit pas une partie de plaisir. Mais quand on ferme, on a clairement envie de passer à autre chose rapidement et, comme je m'en suis rendu compte, cela prend de longs mois. Quand je repense à ce moment, maintenant que la société est enfin liquidée, je ne me dis pas que c'était un échec, mais tout simplement que ce n'était pas le bon moment. J'ai perdu de l'argent, ce n'est pas agréable bien entendu, mais c'est un moindre mal. Je me sens soulagée d'avoir terminé cette aventure-ci car avec le projet de La Grande École, c'était beaucoup trop : trop de stress, trop de gestion, trop de complications. Je n'en pouvais plus. C'est dommage, mais c'est ainsi ! À travers cette entreprise, je souhaitais aider à la fois nos collaborateurs et nos clients à trouver cet équilibre de vie que moi-même j'ai pu chercher un temps, car personne ne devrait avoir à faire un choix entre sa vie de famille et sa carrière.

***

Avoir des enfants était pour moi une évidence. Mon mari, Didier, est issu d'une famille nombreuse où ils étaient neuf enfants. Nous avions chacun un modèle familial solide et heureux qui nous confortait dans cette idée de fonder notre famille. Nous nous sommes connus adolescents et j'ai débuté ma carrière professionnelle avant vingt ans, alors tout naturellement je suis tombée enceinte jeune, c'était la suite logique. J'avais vingt-trois ans, je venais de rentrer d'Angleterre pour épouser Didier et j'apprends l'année suivante ma grossesse, je suis alors extrêmement heureuse. Je sais que, pour beaucoup de femmes, annoncer une grossesse à son employeur peut être délicat. Comment le manager – homme ou femme d'ailleurs – va-t-il prendre la nouvelle ? Comment le service va-t-il continuer de tourner sans nous plusieurs mois, voire plusieurs années ? Est-ce qu'on aura toujours son poste à son retour de congé maternité ? Et si on est indépendantes, il y a davantage de questions liées à l'activité, le congé maternité, etc. Bien sûr, je me suis posé des questions moi-même, notamment sur l'organisation en mon absence ; cela dit, j'avais la chance de travailler dans l'entreprise familiale. Mes patrons, qui étaient mes parents, étaient aux anges quand je leur ai annoncé qu'ils allaient devenir grands-parents pour la première fois.

Ma grossesse se déroulait bien, sans complications, mais je dois dire que ce n'était pas la période préférée de ma vie ! Chaque femme vit ce moment à sa manière, personnellement j'avais besoin de continuer à travailler, pour moi c'était important. Pour toutes mes grossesses, j'ai d'ailleurs travaillé jusqu'à la veille de mon accouchement et ça m'allait parfaitement bien. À vrai dire, je ne voyais pas l'intérêt de prendre un congé maternité en amont. J'étais en forme, je me sentais bien. Cela dit, *a posteriori* je me rends compte que je me suis peu écoutée pendant mes grossesses, car je continuais mon rythme intense, j'avais simplement stoppé les déplacements pendant le dernier trimestre. D'ailleurs, pour cette première grossesse, mon gynécologue avait su trouver les mots justes, c'est-à-dire être direct, pour me dire de ralentir : « Madame, soit vous vous arrêtez complètement de travailler, soit vous restez alitée à l'hôpital à partir de maintenant. » Après cette discussion, je me suis installée pendant un mois dans la maison de campagne de mes parents. Le 29 septembre 1994, je faisais de la couture en compagnie de Maman et, lors du petit-déjeuner, Didier, un peu stressé mais sur le ton de l'humour, me dit : « J'ai une réunion très importante alors si tu pouvais éviter d'accoucher aujourd'hui ! » Évidemment, Rebecca est née ce jour-là ! Deux ou trois semaines après la naissance de ma fille, je me sentais bien et je n'étais pas fatiguée, alors j'ai repris le chemin du travail. Un des gros avantages d'être à son compte ou de travailler pour l'entreprise familiale est bien sûr de pouvoir aménager son temps et sa maternité. Je me rends bien compte que ce n'est pas donné à tout le monde, c'est pourquoi j'encourage toujours les femmes à discuter avec leur employeur en amont, pour voir ce qu'il est concrètement possible de mettre en place. Deux semaines après être devenue maman, me voilà donc avec mon berceau et ma fille au bureau dans lequel j'avais fait mettre un canapé. Pour ceux qui ne le savent pas, un nouveau-né allaité tète huit à dix fois par jour pendant plusieurs minutes, alors autant être confortablement installée. Ainsi, après chaque tétée, je la reposais dans son berceau et je faisais mes réunions. Pour moi, ce n'était pas une contrainte, c'est ainsi que je m'épanouissais. Deux ans plus tard, avec Didier nous agrandissons la famille. Je suis enceinte de notre fils et je suis à présent responsable des quarante magasins Interior's dans le monde.

Comme pour Rebecca, je travaille jusqu'à la veille de mon accouchement. Deux jours après la naissance de César, je rentre chez moi avec mon nourrisson et je reçois un appel l'après-midi d'une collaboratrice : « Léa, il faut que tu viennes, ça ne va pas du tout… » À ce moment-là, je ne comprends pas ce coup de fil. Je viens de donner naissance, certes tout le monde sait que je vais revenir rapidement au bureau, mais cela aurait dû sembler normal à cette personne de ne pas m'appeler deux jours après mon accouchement. Je me remets en question et me dis que j'aurais dû m'organiser autrement. Pour gérer la situation, je lui demande de me faire un récapitulatif par e-mail et lui explique surtout que cela peut attendre.

Quatre ans plus tard, alors que je suis directrice générale d'Interior's, je suis enceinte de notre troisième enfant, une fille. Je me souviens de ce jour de juillet où je suis au bureau, j'ai mal au ventre et je croise un ami de mon père qui me dit : « Mais qu'est-ce que tu fais là, Léa ? Rentre chez toi, j'appelle Didier ! » De retour à la maison pour déjeuner avec Grand-mère, je m'assieds à table et là je sens les contractions s'intensifier. Je sais que la naissance est proche. J'arrive à l'hôpital et je leur dis : « J'ai mal, le bébé arrive maintenant ! » L'équipe ne me prend pas au sérieux, me fait patienter jusqu'à ce qu'on m'ausculte, puis le gynécologue découvre la tête de mon bébé qui, comme je l'avais précisé, sortait.

Trois jours après la naissance de Victoire, je retourne au bureau pour ne pas laisser mon entreprise et mes cinq cents salariés sans patronne. Cela dit, j'avais ma liberté d'organisation, je passais au bureau le matin puis je retournais chez moi. Quand ils étaient bébés, mes enfants passaient beaucoup de temps avec moi au bureau. Quand je n'avais que Rebecca et César, je prenais régulièrement mes mercredis pour être avec eux. Alors, certes, je n'étais pas une maman qui venait les chercher à l'école au quotidien et qui prenait le goûter avec eux, mais les week-ends et les vacances leur étaient dédiés. Nous passions des moments de qualité et ressourçants tous ensemble. Très régulièrement, je me retrouvais avec eux sur les routes de Normandie ou à Lamotte-Beuvron pour les accompagner à leurs compétitions d'équitation.

Tous les trois ont évolué en championnat régional puis national, alors nous partions à l'aube les samedis et rentrions tard les dimanches soir. Quand, pour les besoins d'un championnat, nous devions partir plusieurs jours, j'étais souvent seule avec eux, Didier restait travailler au Havre, alors je m'organisais. J'encourageais mes enfants lors de leur passage dans la carrière, puis je me mettais à l'écart pour répondre à des coups de téléphone le temps qu'ils descellent leurs chevaux. Souvent, d'ailleurs, c'était compliqué parce que le réseau était très instable et je n'entendais pas bien mes interlocuteurs ! J'ai aussi assisté à toutes les réunions parents-professeurs pendant les années collège puis lycée. Comme certainement beaucoup de femmes, j'ai eu des remarques maladroites : « Mais tu sais, c'est important d'aller les chercher à l'école et d'être avec eux le soir. » Nous avions une nounou qui s'occupait des enfants de la sortie d'école au coucher, Céline est d'ailleurs restée avec nous pendant dix ans. Une fois passée d'une famille de quatre à cinq, l'organisation de vie a évolué de nouveau. Didier a pris le relais avec les enfants, notamment le soir. Bien évidemment, comme beaucoup de femmes, de mamans, je me suis sentie coupable à certains moments. D'autant que, dans ma belle-famille, j'étais l'exception. Mes belles-sœurs étaient toutes femmes au foyer avec trois ou quatre enfants à charge, elles se sont occupées de leurs enfants en bas âge et n'ont repris un emploi que plusieurs années après.

Notre organisation était simplement différente et il me semble important que chacun trouve la sienne, pour que personne dans le foyer ne soit frustré. D'ailleurs, quand nous parlions d'avoir un troisième enfant avec Didier, j'ai souvent entendu cette remarque de mon entourage ou de personnes que je côtoyais au bureau : « Mais Léa, un troisième ? Ce n'est pas raisonnable… » Même Grand-mère m'avait fait part de son avis : « Tu sais Léa, avec trois enfants, il va falloir que tu travailles moins. » Maman fut alors d'un grand soutien, elle me disait de ne pas écouter, que tout allait se mettre en place et d'avancer comme je l'entendais. Elle avait raison ! Il ne faut pas trop intellectualiser les choses, car il n'y a pas de bon moment pour monter son entreprise, pour décider de faire un enfant, puis un second, etc. Je pense que les femmes se mettent trop d'obstacles et de barrières avec la maternité. Ça me fend le cœur d'entendre régulièrement des femmes dire : « J'aimerais bien un deuxième enfant, mais je viens de prendre mon poste » ou « de lancer mon affaire ». Elles devraient se sentir libres, fortes et en confiance pour assumer leur choix. Il n'est jamais bon d'avoir des regrets dans sa vie personnelle et professionnelle. Si votre désir est de mettre votre carrière en pause un moment et de vous occuper de vos enfants, foncez ! Si vous souhaitez reprendre rapidement votre poste après la naissance de votre bébé, foncez ! Si vous préférez aménager votre temps de travail dans la semaine, foncez !

Tout ne sera jamais parfait, il suffit que vous trouviez votre propre équilibre. L'une des clés pour y arriver est bien évidemment la répartition des tâches dans le couple et la façon dont la maternité est perçue au sein des entreprises. Au regard des statistiques, il y a encore du chemin à parcourir. Si l'on étudie les dix premières années de carrière, il y a davantage d'hommes qui ont des postes à responsabilités que de femmes. Cela dit, je suis convaincue qu'un changement est en marche, je le sens à travers mes discussions régulières avec des chefs d'entreprise, la maternité est mieux perçue qu'avant dans le monde professionnel.

Évidemment, il y aura toujours des managers indélicats, voire odieux, qui vous mettront des bâtons dans les roues : « Ah, tu es enceinte… mais comment va-t-on faire en ton absence ? » « Mais tu viens d'avoir une promotion et tu vas partir plusieurs mois… » En réalité, il suffit de s'organiser. En tant que chef d'entreprises qui emploie des femmes, quand l'une d'elles m'annonce sa grossesse, je commence par la féliciter chaleureusement et sincèrement. Je me souviens d'une jeune femme arrivant dans mon bureau, un peu fébrile : « Léa, je suis désolée d'être enceinte maintenant, ça tombe mal. » Je l'ai rassurée et ensuite je lui ai proposé de réfléchir à l'aménagement de son poste et de son temps de travail. Il faut que les femmes puissent bien vivre leur grossesse au travail et surtout que l'on prépare leur retour, peu importe combien de temps après la naissance de leur enfant. À mon sens, si l'échange est bienveillant, la salariée enceinte peut aussi être force de proposition concernant son remplacement le temps de son congé maternité. Pour elle, c'est une nouvelle étape de sa vie, pour moi en tant que dirigeante aussi, je dois anticiper au mieux son absence.

***

Comme ce fut le cas pour moi, le monde de l'entreprise a été au cœur de l'éducation de mes trois enfants. Didier et moi avons toujours beaucoup échangé avec eux et naturellement nous leur parlions de nos travaux respectifs. Les questions de management des équipes, notamment, les ont particulièrement intéressés. Nos enfants ne se privaient pas de nous donner leurs avis à la table du petit déjeuner, qui a toujours été un moment d'échange privilégié dans notre famille. Tous les trois ont travaillé dans nos entreprises, comme j'avais pu le faire quand j'étais adolescente. À seize ans, Rebecca était employée au salon de thé de la boutique Interior's du Havre ; César a été réceptionniste junior dans notre hôtel du Havre avant de passer son bac ; Victoire a fait de nombreux services dans mon restaurant Les Enfants Sages. Bien évidemment, comme il s'agissait de mes enfants, mon niveau d'exigence était très élevé ! Il l'a toujours été, je dois l'avouer. Didier et moi avons laissé une grande latitude à nos enfants, concernant les sorties avec les amis ; en revanche, il fallait que les résultats scolaires soient au rendez-vous. Il était aussi primordial qu'ils essaient différentes activités culturelles ou sportives sans forcément avoir une obligation de résultat. Ainsi, je pense leur avoir transmis cette audace qui m'anime au quotidien. Grâce à des parents entrepreneurs, ils ont pu multiplier les expériences, et maintenant qu'ils sont adultes, je constate leur appétence pour les projets et cette fibre entrepreneuriale qu'ils ont chacun développée à leur manière. Bien entendu, ils font aussi leur propre choix de vie.

Ma fille aînée qui est devenue maman me dit régulièrement : « Maman, je ne veux pas travailler autant que toi. » Je constate que son organisation de vie est assez différente de la mienne et en devenant grand-mère, j'ai refait une petite introspection. Est-ce que j'ai passé assez de temps avec mes enfants ? Aurais-je dû faire tel ou tel choix ? Des questionnements reviennent forcément nous tarauder à chaque étape de notre vie, mais il est important de ne rien regretter. Je vois aujourd'hui que mes enfants sont très débrouillards et indépendants. Ils ont été autonomes et matures assez jeunes, comme beaucoup d'enfants d'entrepreneurs. Je suis fière d'eux et de leur avoir transmis ces valeurs. Après tout, entreprendre n'est pas plus difficile qu'être maman.

6

La Grande École

Quand ils allaient à l'école, au collège ou au lycée, les journées découvertes des métiers étaient un moment particulièrement apprécié par mes enfants, ces moments où un adulte venait en classe pour raconter son métier. Pour eux, c'était du concret et je me rappelle très bien les riches discussions lors du dîner après ces interventions. Aux États-Unis, c'est d'ailleurs fréquent d'avoir la participation de parents d'élèves dans les classes de leurs enfants. Cette notion de partage d'expérience a toujours été présente en moi, je peux même dire que cela fait des années qu'elle me trotte dans la tête, sans que je sache exactement quoi en faire. Je trouve fascinant la vitesse à laquelle vont les projets grâce à un partage d'expérience, c'est aussi ce qui redonne la motivation si on traverse une période compliquée. Souvent, je me pose cette question : « Comment faire pour récupérer certaines informations de nos aînés, tout ce savoir si précieux ? » et finalement, pas uniquement le savoir venant de nos aînés, mais plus globalement celui de chacun. Vous, par exemple, qu'est-ce que vous avez vécu ? Et surtout, qu'est-ce que vous pouvez m'en dire ? Grâce à mon expérience à la Chambre et avec la création du réseau Femmes&Challenges, j'avais déjà constaté la force du partage d'expérience. Pour aller plus loin dans cette idée, il me fallait un nouveau défi. Après la page CCI, il a aussi fallu que je me projette sur mon avenir, car je savais que je ne serais pas hôtelière-restauratrice toute ma vie. Enfin, un dernier élément m'était resté en tête depuis la fin de ma présidence à la Chambre : les difficultés de recrutement des entreprises.

Cela fait sept ans que j'ai installé mon restaurant Les Enfants Sages dans la maison d'un ancien directeur d'école. Forcément, tout comme cette maison, le bâtiment juste en face, l'ancienne école, me faisait de l'œil. L'immense école Jean-Macé était la propriété de la ville du Havre qui s'en servait comme dépôt entre autres pour le Muséum d'Histoire naturelle situé dans la rue d'à côté. Tous ces éléments mis bout à bout me conduisent à éclaircir mon nouveau projet : créer une école. Encore une sortie de ma zone de confort, car je n'ai aucune expertise dans le domaine de la formation. Au commencement, je souhaite créer une école de l'hôtellerie-restauration. Fin 2020, je présente mon projet lors d'un dîner familial, tout le monde a envie de m'aider et me fait des propositions. Je sens que les idées fusent et surtout je sens que j'ai besoin de tout structurer. Je demande alors à Didier de prendre un temps pour brainstormer avec moi.

Nous nous retrouvons aux Pins de César, l'un de nos hôtels de charme près d'Étretat, pendant l'un des confinements de l'année 2021 ; l'établissement est fermé, il n'y a que nous. Pendant des heures, nous réfléchissons, et c'est à ce moment que j'allie mon envie d'école et cette notion de partage d'expérience autour des loisirs, de la culture et des arts. Didier me donne cette idée d'hôtel en extérieur avec des *tiny houses* dans le jardin, une première au Havre. Au bout de trois heures de travail, mon modèle économique est prêt, je me sens rassurée avec mes grandes feuilles A3 remplies de flèches et de mots-clés. Une fois l'idée plus précise dans ma tête, je choisis de l'évoquer à un petit cercle restreint de personnes en qui j'ai confiance. D'abord aux femmes du club des leaders que j'ai créé, elles me font toutes des retours encourageants et pertinents. Petit à petit, les choses se mettent en place, il me faut désormais trouver un nom à ce nouveau projet afin qu'il prenne corps.

Plusieurs fois par an, je me rends au Maroc dans la maison familiale acquise il y a quelques années, c'est ma bouffée d'oxygène, même si je travaille aussi quand je suis là-bas. Je me rappelle ce moment où, comme une évidence, le nom du projet m'est apparu. Avec Didier, nous sommes en randonnée dans la montagne marocaine, dans une zone pentue. Il est devant moi, nous marchons depuis un bon moment, nous venons de croiser une tortue sur le chemin quand je m'arrête : « J'ai trouvé un nom », lui dis-je. Il s'arrête à son tour, se retourne et me regarde en me disant : « Moi aussi ! » Ensemble, les mêmes mots sortent de nos bouches : « La Grande École ». Une fois de retour en France, au Havre, je décide de créer ma « team conseil ». Une équipe de sept personnes compétentes dans différents domaines d'activités et qui sont installées un peu partout en France.

Leur mission est de me challenger, j'ai confiance en elles et je sais qu'elles osent me dire les choses. Nous nous sommes vues une première fois au Havre, puis à plusieurs reprises en visio. À chaque fois, grâce à ce collectif, je structure davantage mon projet, notamment pour le présenter aux financeurs. Puis vient le moment de rentrer dans le concret et d'acquérir ce gigantesque bâtiment. Je contacte les services de la ville du Havre, comme pour la maison des Enfants Sages sept ans plus tôt. J'ai envie de cette bâtisse, mais je n'ai aucune idée de son prix et je ne l'ai même pas visitée. Là aussi, l'acquisition fut longue, la décision a dû passer en conseil municipal et je me rappelle ce moment où, anxieuse, j'ai regardé en direct sur le site de la ville son déroulé. Au terme de tout ce processus, j'ai acquis l'école au prix d'un million d'euros. Recréer une école innovante dans une ancienne école municipale avait du sens, même si le projet a eu des détracteurs et même si la partie financière fut un moment complexe.

***

En février 2020, quand je pénètre à l'intérieur pour la première fois, mes yeux pétillent. Je suis sous le charme et c'est même encore mieux que ce que j'avais imaginé. L'école a été construite en 1905 par Édouard Choupay, elle a accueilli des centaines d'élèves, a servi de camp de base pendant la Seconde Guerre mondiale, son histoire est incroyable et je la ressens dès que je pose un pied à l'intérieur. Les portes et les fenêtres anciennes sont magnifiques, la hauteur sous plafond à quatre mètres est à couper le souffle ainsi que les deux escaliers monumentaux et la surface impressionnante de chaque pièce. Il y a encore des portemanteaux en bois, des tableaux noirs à la craie et de splendides radiateurs en fonte. De l'extérieur, j'avais remarqué un préau en arc de cercle avec des fenêtres en PVC, qui n'était pas dans la construction d'origine. Je me doutais qu'il ne plaisait pas à certaines personnes, on m'avait d'ailleurs conseillé de le faire retirer.

En le découvrant de l'intérieur, il se passe quelque chose, je ne saurais expliquer quoi, mais je sais que ce préau deviendra la pièce maîtresse de cette école, une fois que j'aurai remplacé les horribles fenêtres en plastique, bien sûr ! Mon coup de cœur lors de cette visite est au-delà de mes espérances, j'appelle Maman : « J'ai vu l'école, elle est sublime ! » J'en ressors excitée comme une enfant et je suis confortée dans mon idée. Quelques jours plus tard, je commence à réfléchir à l'équipe que je vais mettre en place pour m'accompagner. Assez naturellement, je me rapproche de quatre personnes en qui j'ai confiance et je leur propose de nous associer, une grande première pour eux comme pour moi qui ne m'étais jamais associée à personne d'autre que mon mari dans mes projets. Mathieu, le responsable des Enfants Sages, Hélène, ma plus proche collaboratrice depuis vingt ans, Johanna à qui j'avais confié le réseau Femmes&Challenges et enfin Messaline que j'avais recrutée quand elle avait vingt ans dans l'un de mes restaurants. Dès que j'ai acquis officiellement le bâtiment, la curiosité des habitants du quartier m'a amenée à leur proposer une présentation privilégiée du projet. Un samedi matin, je réunis les voisins, les commerçants de ce quartier Notre-Dame et d'anciens élèves. Il me tenait à cœur que ceux qui avaient fréquenté ce lieu y viennent une dernière fois avant le début des travaux.

Ce fut un moment extraordinaire où certains se sont retrouvés grâce aux vieilles photos de classe en noir et blanc que nous avions affichées dans les couloirs. Je me souviens aussi d'un homme de cent ans qui a fait le déplacement et m'a fourni de nombreuses anecdotes sur l'école. Chaque jour, je fais un petit pas de plus et le projet prend forme. Cela dit, bien que j'aie lancé ce projet de La Grande École en 2020, je ne suis rassurée sur sa finalité qu'à l'été 2022, car depuis ce moment, je sais que nous prenons la bonne direction, que mes équipes ont compris ce que je souhaitais faire. J'ai pensé et conçu La Grande École comme un lieu de vie, de transmission et de formation. Il y a tout ce qu'il faut pour se restaurer, dîner, dormir, mais aussi une école des loisirs et de cuisine à destination des particuliers et un centre de formation certifié Qualiopi à destination des entreprises. Dans ce centre de formation, j'ai voulu créer un parcours de plusieurs mois pour les collaborateurs et dirigeants d'entreprises afin de booster leur confiance. Nos formations sont exigeantes et originales, je mets notamment un point d'honneur à ce que les intervenants n'utilisent pas d'écrans et de PowerPoint, la proximité et le contact humain sont les atouts de cette formation.

***

Un an avant l'ouverture, l'équipe dirigeante est en place. Les travaux démarrent en mars 2022, un moment d'euphorie pour nous tous. D'autant qu'au démarrage c'est impressionnant, beaucoup de murs sont cassés, des centaines de mètres cubes de gravats sont évacués… Il y a mille sept cents mètres carrés à aménager à l'intérieur et quatre mille mètres carrés de terrain extérieur, un investissement global de sept millions d'euros. Parfois, quand je pense à ces chiffres, j'ai le tournis, mais c'est évidemment aussi très motivant. Les travaux de La Grande École ont duré plus d'une année. Comme beaucoup de chantiers, il y a eu du retard et des imprévus, notamment la conjoncture économique qui a fait exploser le coût des matériaux et du transport ; j'ai dû beaucoup m'adapter.

Je ne cache pas avoir été sous pression, surtout les derniers mois précédant l'ouverture au public, car le planning des recrutements était dans les temps. J'ai embauché plus de cinquante personnes qui n'avaient pas encore de bureaux ou de tâches précises et chaque mois de retard des travaux me coûtait environ cent cinquante mille euros. Cette pression financière n'a pas été évidente à gérer. Rajoutez à cela l'attente locale autour du projet, j'ai eu des jours assez compliqués. Pour évacuer cette pression, garder l'esprit alerte et vif, je m'autorisais des dîners entre amies où l'on ne parlait pas du tout du projet, je nageais et marchais énormément. Je me souviens d'un soir où je suis rentrée tard à la maison. Didier et moi étions fatigués de notre journée, mais je savais qu'il fallait que je m'aère, sinon j'allais exploser comme une cocotte-minute. Tous les deux, nous avons rassemblé nos dernières forces et nous sommes sortis marcher en bord de mer quelques heures. En rentrant, je me sentais plus apaisée et sereine pour enchaîner le lendemain une nouvelle journée intense autour de ce si gros projet.

Bien sûr, la décoration reste ma première passion et je sais que ma touche personnelle est attendue dans cette bâtisse. Comme je chine depuis l'âge de seize ans, j'ai installé de nombreuses pièces de mes collections personnelles dans toutes les salles : des tableaux, des objets… Dans une salle de réunion, j'ai affiché un *mood board* avec les inspirations du moment, de grandes feuilles, une par pièce, sur lesquelles je colle, je dessine, je flèche. C'est ma pièce de créativité et je peux passer des heures à regarder ces immenses feuilles A3 accrochées au mur, à la manière d'un enquêteur dans une série policière ! À plusieurs reprises, j'ai arpenté les salons professionnels à Paris à la recherche de fournisseurs et d'opportunités, c'est une phase du projet qui me remplit de joie. Alors, bien sûr, dans ma vie professionnelle, je suis intervenue dans des établissements importants, comme refaire la décoration des cinquante chambres au Chamois d'Or, mais avec La Grande École, tout est amplifié. Rien que pour la partie décoration du lieu, c'est la première fois que j'ai autant de pièces différentes à aménager. Dans un hôtel, la décoration des chambres est à peu de choses près la même, il suffit de la dupliquer. Là, chaque immense pièce de la Grande École a une décoration unique, une ambiance bien spécifique. Moi qui suis plutôt dynamique et toujours dans l'action, pour la décoration et d'autant plus pour un projet de cette taille, j'ai ressenti le besoin de me poser. Ainsi, j'ai passé des heures les soirs et les week-ends, à l'intérieur de cette bâtisse, assise sur un tabouret de fortune, à observer, réfléchir, m'inspirer pour trouver le subtil équilibre entre décoration originale et maintien de l'âme de cette école.

Allant régulièrement au Maroc, j'ai puisé une partie de mon inspiration là-bas. Je connais bien les artisans locaux près de Marrakech, j'ai donc passé commande de cinq cents mètres carrés de carreaux de ciment noir et vert. Quelle ne fut pas ma stupeur quand, à la livraison au Havre, je me rends compte que les carreaux de ciment sont noir et beige ! Une des nombreuses péripéties de ce chantier. Je me suis également inspirée du concept américain des *tiny houses*, ces petites maisons d'une vingtaine de mètres carrés que l'on peut installer n'importe où. Il y en a dix à La Grande

École, plus précisément dans le jardin qui relie l'École à mon restaurant Les Enfants Sages, ce qui en fait le premier hôtel de plein air en plein centre-ville.

J'ai moi-même dessiné les aménagements intérieurs et extérieurs des *tiny houses* avec sauna et douches nordiques. L'espace de dix-sept mètres carrés est composé d'un salon cosy avec un poêle à bois électrique, une bibliothèque, une chambre dans une alcôve et une salle de bain tout confort. C'est un artisan normand situé à Eu qui les a fabriquées : les toitures sont en zinc et j'ai chiné les portes en pin à Anvers en Belgique. À l'intérieur, l'École comporte trois niveaux : au rez-de-chaussée, l'espace est consacré à un restaurant de deux cents places assises ouvert tous les jours qui rappelle les ambiances *street food* de nombreux pays, il y a notamment un énorme four à pizza venu d'Italie. Au même niveau, il y a un bar avec sa grande terrasse que j'ai baptisé « Janine » en hommage à Grand-mère qui aimait croquer la vie à pleines dents.

La partie école et formation est installée au premier et deuxième étage avec notamment la pièce Versailles qui a été l'une des premières à être terminée et qui est pour moi la pièce la plus « waouh ». C'est normalement le son qui sort de votre bouche quand vous pénétrez dans cette salle de cent douze mètres carrés ! J'ai souhaité en faire une salle de bal. Le lino au sol a été remplacé par du parquet noir, les murs sont aussi peints de cette couleur ; au plafond, une reproduction d'une fresque de la chapelle Sixtine. Tout le bâtiment est parfaitement bien exposé, et pour rajouter de la luminosité à cette belle pièce, j'ai installé des dizaines de miroirs et d'objets dorés ainsi que deux grands lustres. Au fur et à mesure des travaux, nous nous sommes rendu compte que l'on pouvait aménager le grand grenier par lequel nous accédions par une échelle. Il a fallu concevoir deux escaliers pour accéder à cet espace qui ouvrira prochainement et que vous pourrez découvrir.

Dans ces mille sept cents mètres carrés, je dois dire que je me suis amusée en termes de décoration, notamment avec l'espace toilettes, complètement décalé avec sa photo de dieu grec nu et ces miroirs, qui deviendra, j'en suis sûr, une pièce à selfie ! Mais il y a aussi de nombreux endroits qui m'ont donné du fil à retordre, comme le couloir du rez-de-chaussée, point de passage entre le restaurant et les autres espaces de l'École. Étant méticuleuse, il était pour moi impensable de négliger un couloir. J'en ai donc fait un « couloir des curiosités » avec très peu d'éclairage et de nombreux objets insolites que je vous laisse découvrir. Enfin, j'ai longtemps manqué d'inspiration pour la grande entrée. Pour cela, j'ai fait appel à une équipe de choc : les femmes de ma famille !

Nous nous sommes retrouvées un week-end à quatre générations, mes filles Rebecca venue de Bordeaux et Victoire venue de Paris, Maman et ma petite-fille Jeanne qui courait au milieu des cartons, des tableaux et des meubles. Quatre styles de décoration différents qui m'ont permis d'avancer dans cette pièce inspiration « jungle », ce fut un grand moment de bonheur.

Les parties extérieures ont également été un réel défi pour moi qui suis davantage habituée à la décoration d'intérieur. J'ai dessiné les jardins dont j'ai partagé les planches avec Didier et Guillaume, notre architecte depuis toujours. Là aussi, ce sont des travaux d'ampleur qui ont été menés pour transformer le bitume de l'ancienne cour d'école avec des milliers de tonnes de terre, des arbres, des plantes afin de créer un espace nature en ville. Bien que les travaux aient pris énormément de retard, ce qui m'a fortement contrariée, j'adore cette phase d'un projet où je discute avec les artisans, qui apportent souvent des solutions face à un problème inopiné, et Dieu sait qu'il y en a eu sur un chantier comme celui-ci !

Au moment d'écrire ce livre, l'ouverture de La Grande École est toute proche, dans quelques semaines, alors le stress et l'excitation sont à leur maximum pour tout le monde. J'avais mis neuf mois pour ouvrir le restaurant Les Enfants Sages. Là, en deux ans, je lance plusieurs concepts au même endroit : restaurant, hôtel, bar, école, centre de formation, c'est un défi gigantesque ! D'ailleurs, je n'ai jamais eu autant de collaborateurs pour une même entreprise, bien que les bureaux soient répartis sur trois sites différents. Plus de cinquante personnes que je côtoie tous les jours, mais que je vais prendre le temps de connaître davantage une fois que l'établissement sera ouvert. En effet, les semaines précédant l'ouverture, je dois avouer ne pas avoir eu autant de temps que d'habitude pour découvrir nos pépites. Pendant ces semaines du printemps 2023, je confesse avoir manqué de temps et c'est la première fois dans ma vie. Quand j'étais présidente de la Chambre, j'ai manqué de temps personnel, pour me ressourcer, mais jamais pour mes équipes. Pendant toute l'année 2023, je me suis longuement interrogée : « Est-ce que je leur apporte tout ce qu'il faut ? »

7

Le leadership à la Léa

Cette année, j'ai eu cinquante-deux ans. Je travaille depuis que j'ai dix-neuf ans et bien évidemment, j'ai évolué, je ne suis plus la même dirigeante aujourd'hui. Bien que j'aie toujours eu cette capacité à déléguer, c'est devenu à présent un réel besoin. Je prends mon rôle de leader très à cœur. J'aime donner le cap pour mes entreprises. Je me vois comme une locomotive qui met en place tous les moyens pour conduire le train avec tous ses wagons à la prochaine gare. Désormais, je m'organise pour ne pas être indispensable sur toutes les parties opérationnelles. Il faut que mes équipes se sentent en confiance pour prendre les rênes. Les cinq années à la tête de la Chambre m'ont permis cette évolution.

À l'époque, de fait, j'étais moins présente physiquement dans mes bureaux et mes établissements. Depuis, je sais que je peux m'organiser différemment. D'ailleurs, c'est la première fois dans ma vie professionnelle que je prends des associés pour monter une affaire. Quand j'ai eu envie de lancer le projet de La Grande École, j'ai senti que c'était le bon moment de proposer à des personnes de confiance de s'associer avec moi pour ce projet d'envergure.

En effet, je ne me suis jamais considérée comme une experte – à part peut-être dans le domaine de la décoration –, j'ai toujours été une *multitask*, c'est pour cela que déléguer ne m'a jamais posé de soucis. Quand j'ai pris mon envol après Interior's pour créer ma propre entreprise, j'ai vite compris qu'il fallait justement m'entourer de personnes pouvant assurer dans des domaines qui ne sont pas les miens. C'est aussi en déléguant que je peux me concentrer sur mes projets, car cela n'a cessé d'être un moteur dans ma vie. J'ai beaucoup d'idées, peut-être même trop ! Beaucoup autour de moi considèrent cela comme un défaut, ce peut être aussi déstabilisant pour mes équipes, alors j'essaie de me corriger. Il me semble important que chaque dirigeant puisse interroger régulièrement sa façon d'être avec ses salariés.

Aujourd'hui, je peux dire que je suis une dirigeante bienveillante et exigeante. Je sais écouter, mettre en place tous les moyens pour que mes salariés donnent le meilleur d'eux-mêmes. Cela dit, je suis aussi dure si je constate que le niveau n'est pas au rendez-vous ou que la personne n'est pas faite pour le job. Durant ma carrière, je me suis d'ailleurs séparée de beaucoup de monde. Comme beaucoup de patrons, j'ai dû apprendre à licencier, car à l'époque où j'étais en responsabilités chez Interior's, les ruptures conventionnelles n'existaient pas.

Aujourd'hui, je suis certainement plus délicate quand il s'agit de remercier un salarié. Bien sûr, ce n'est facile pour aucun dirigeant, mais quand on a tout essayé, mieux vaut se quitter, car j'ai toujours considéré qu'il valait mieux être seule que mal accompagnée. Il me semble que la question indispensable à se poser, pour tout dirigeant ou manager qui doit se séparer d'un collaborateur, est la suivante : est-ce que j'ai envie de travailler avec cette personne ? Bien entendu, l'idéal est de ne pas se quitter fâchés. D'autant que la roue tourne, et j'ai remarqué que certaines personnes que j'avais dû licencier ont candidaté pour des postes au sein de mon entreprise La Grande École plusieurs années après. En tout cas, même si ce n'est agréable ni pour le patron ni pour le salarié, il ne faut pas avoir de scrupules à aborder le sujet quand ça ne fonctionne pas. Souvent, la personne n'est pas heureuse et elle devient un frein pour l'entreprise, alors autant se donner chacun de nouveaux horizons.

La bienveillance est donc pour moi la qualité principale d'un bon leader. Elle devrait d'ailleurs être aussi celle d'un bon manager. On peut être bon manager, mais faire un mauvais leader. Il y a quelques années, je me rappelle parfaitement avoir reçu un SMS d'une de mes filles, qui à l'époque faisait des études de droit : « Maman, vite, c'est urgent, c'est quoi la différence entre un manager et un leader ? Je suis en plein concours d'éloquence, aide-moi, s'il te plaît ! »

Alors, comme je le fais lors des rencontres business auxquelles je suis régulièrement invitée en Normandie, je lui explique qu'un manager est celui qui détient son autorité de la hiérarchie. Il est chargé d'organiser le travail, de recruter, de donner les directives et de vérifier si le travail est bien fait. Le leader a la vision, il conçoit et réfléchit la stratégie de l'entreprise, mais le plus important est qu'un bon leader sait communiquer cette vision. J'ai côtoyé des patrons qui gardaient pour eux leur vision par peur de se faire voler leur idée ou bien parce qu'ils ne savent pas ou n'aiment pas communiquer. Il faut pouvoir transformer la vision en mots qui aient du sens pour les équipes, qu'elles puissent se l'approprier et œuvrer à sa bonne réalisation.

Évidemment, pour cela, il est nécessaire de bien les connaître. Quand je m'adresse aux équipes de mes restaurants, je commence toujours par rappeler pourquoi notre tâche est importante : parce qu'on donne du plaisir aux gens qui viennent manger chez nous, un plaisir du quotidien ou exceptionnel qui marque un moment de vie comme un mariage, un pot de départ ou une rencontre importante. J'emploie désormais une centaine de salariés, mais sur différents sites. Il est certainement plus simple de communiquer en direct et d'avoir une cohésion d'équipes avec des groupes d'une trentaine de personnes qu'une centaine réunie. Dans une entreprise ou sur un site d'une grande ampleur, la chaîne de hiérarchie étant davantage développée, il est donc plus difficile de transmettre la vision à travers des directeurs, des sous-directeurs et que le message arrive aux équipes de terrain tel que le patron l'a formulé au départ.

Ainsi, l'une des responsabilités du dirigeant est de s'assurer que sa vision ne soit pas travestie par le prisme de ses managers. Évidemment, un leader peut garder une proximité et impulser de belles choses dans une entreprise avec des milliers de salariés. Cela demande davantage d'attention, mais c'est faisable et surtout c'est bénéfique. L'une de mes meilleures décisions en tant que dirigeante, que j'ai pourtant prise tardivement, fut de tutoyer mes équipes et qu'elles me tutoient évidemment en retour. Jamais je n'aurais pu imaginer il y a vingt ans pouvoir le faire ! C'est d'ailleurs un autre dirigeant qui m'a ouvert les yeux sur le sujet et m'a mise au défi de mettre en place le tutoiement dans mes entreprises, bien entendu avec le consentement de chacun. Finalement, le simple fait de se tutoyer a cet effet immédiat de renforcer la proximité, permet peut-être de donner une vision plus simple de la hiérarchie, et surtout je considère que le respect passe par autre chose que le vouvoiement, auquel de nombreuses personnes sont habituées, bien sûr, par leur éducation. Le leader est au service de ses équipes, car sans elles, il n'est rien ! Je me dois d'être à leur écoute sinon je ne peux pas faire fructifier mes affaires.

Depuis 2020 et la crise de la Covid, nous, dirigeants, sommes confrontés à des problématiques de recrutement inédites. Les gens cherchent du sens à leur travail, ils s'interrogent beaucoup plus avant d'accepter un emploi, ils hésitent moins à changer de poste du jour au lendemain. Cette nouvelle composante est intéressante et oblige chaque patron à se remettre en question. Aujourd'hui, c'est donc crucial qu'il y ait des leaders dans les entreprises. D'ailleurs, on a bien vu qu'après les confinements, si le patron n'avait pas déployé ses capacités de leadership pour garder ses équipes soudées autour du projet commun de l'entreprise malgré le télétravail ou le chômage partiel, il a probablement perdu une bonne partie d'entre eux en cours de route. Un bon leader se pose sans cesse cette question : « Comment je considère mes équipes ? »

Et surtout, il se remet en permanence en question. À mon sens, le meilleur exercice de leadership est de gérer des bénévoles, car il n'y a pas de rapport hiérarchique ou financier qui entre en jeu. Quand vous êtes responsable des parents d'élèves et que vous préparez une kermesse d'école avec d'autres parents bénévoles, mieux vaut savoir les motiver autour de l'événement commun, si vous voulez des bras pour vous aider le jour J ! Dans le secteur de la restauration, j'ai vu et vécu des situations incroyables : des salariés maltraités et méprisés. La question de la qualité de vie et des conditions de travail n'est plus une option ou simplement un sigle brandi une fois par an lors de la semaine de la QVCT. Mettre une bonne machine à café ou un baby-foot dans une salle de repos ne suffit pas, ce n'est pas comme cela que l'on fidélise ses salariés.

Quand j'étais DG d'Interior's et que j'allais voir Papa pour lui annoncer que tel ou tel employé ne se sentait pas très bien en ce moment à son poste, sa réponse était immédiate : « OK, OK, je vais l'augmenter. » À cette époque, la Covid n'était pas encore passée par là, mais, déjà, je trouvais cela aberrant de répondre à un mal-être par une hausse de salaire. Je savais que, dans la durée, cela ne fonctionnerait pas. Mieux vaut écouter leurs demandes, car s'adapter à ses salariés est possible. Je suis usée d'entendre régulièrement ce discours : « oh, les jeunes, au travail, ce n'est pas comme avant ». Dans mes restaurants, j'ai compris que ce qui leur importait, c'était leur temps libre. J'ai mis en place la semaine de quatre jours travaillés et trois jours de repos. Les quatre jours travaillés sont intenses, mais je sais que, pour eux, avoir une journée de repos supplémentaire est plus important qu'une hausse de salaire de 40 € par mois ou des tickets restaurants.

Bien évidemment, la cohésion d'équipe est aussi un pilier pour fidéliser ses collaborateurs. Il faut qu'un leader ou un manager-leader soit capable de proposer des moments qui allient détente et travail. Quand j'étais en charge des magasins chez Interior's, j'ai dû redoubler d'imagination pour que les trois cents vendeurs du groupe se sentent unis. Récemment encore, à l'occasion de l'anniversaire d'une collaboratrice, nous avons organisé une chorégraphie surprise en plein séminaire. Nous y avons tous pris beaucoup de plaisir, c'était une marque d'attention spécifique, et ensuite nous avons pu travailler efficacement et dans la bonne humeur. Tout est une question d'équilibre, il faut que les animations de *team building* soient naturelles, sans trop de lourdeur, et en même temps que cela permette à l'équipe d'être productive. Pour moi, c'est d'ailleurs un non-sens que les services de ressources humaines aient autant de tâches : à la fois l'administratif et la gestion des paies, la formation ou encore le bien-être des salariés. Au sein de La Grande École, j'ai opté pour séparer ces deux fonctions. Un cabinet RH externe gère l'administratif et j'ai recruté une *Happiness officer* comme cela se fait beaucoup aux États-Unis depuis des années, afin de veiller au bien-être des équipes.

L'organisation est donc une clé de réussite stratégique. Leader ou manager, il faut pouvoir préparer toutes ces interventions. On ne bâcle pas une réunion, par respect pour les participants et parce que ce temps est précieux. Tous les lundis, je réunis mon comité de direction, cela fait deux ans que j'ai instauré ce rituel. Entre 9 h 30 et 12 h 30, nous sommes entre cinq et huit à nous retrouver en fonction de l'ordre du jour. Je sais que certains patrons trouvent ce type de rendez-vous usant, mais à mon sens, bien préparés, ils sont terriblement efficaces ! L'ordre du jour est transmis via un document partagé et chaque semaine, c'est une personne différente qui anime cette réunion du lundi. Nous ne faisons pas de compte-rendu détaillé, mais plutôt un relevé de décisions pour suivre l'avancée des dossiers.

Durant trois heures, nous fermons les ordinateurs, éteignons nos portables pour rester concentrés, ne pas être sursollicités. J'utilise la même méthode pour les séminaires d'équipes que j'organise toutes les cinq semaines dans différents lieux : dans les bureaux, au domaine Les Pins de César entouré de nature, à mon domicile sur les hauteurs du Havre. Les séminaires durent deux jours et nous permettent d'avancer concrètement sur le développement et la stratégie. Lors de ces événements, j'aime proposer une marche en extérieur, à la fois pour la cohésion d'équipe, mais aussi pour laisser émerger la créativité de chacun, car tout le monde a une part de créativité en soi. Elle se travaille et j'ai remarqué que grâce au collectif généralement, elle s'amplifie. Souvent, lors des séminaires, nous marchons en binôme et cela permet à chacun de s'exprimer. Il est primordial qu'en tant que leader, vous puissiez créer les bonnes conditions pour que vos collaborateurs osent prendre la parole, car il y a toujours deux types de personnes : des extravertis et des introvertis. Faites en sorte que l'ambiance générale soit bienveillante et que chacun se sente en confiance.

Au bout d'un moment, vous vous interrogerez sûrement sur votre réussite. Évidemment, la définition de réussite professionnelle est très personnelle. Je n'ai jamais construit mes projets et mes entreprises avec l'idée qu'ils rapporteraient de l'argent. Le fait est que cela fonctionne. Pour résumer, je ne suis ni financière ni philanthrope. Évidemment, une fois lancé, le projet doit être rentable. Si ce n'est pas le cas, il ne faut pas que cela dure trop longtemps. D'ailleurs, j'ai remarqué que les femmes se contentent trop souvent d'un business qui n'est pas ou peu rentable. Ainsi, je n'ai pas d'ingrédient magique, mais je vous résume ma vision d'un business qui marche en trois mots : plaisir, projet, équipe. Ayez de l'ambition et soyez en accord avec vos valeurs. Suivez votre intuition, car « brainstormer », faire des listes de pour et contre, se poser des milliers de questions peut être bénéfique à un moment de votre projet, mais quand tout est flou, revenez à votre intuition et vous aurez votre réponse. Et si vous êtes une femme – ou un homme bien sûr –, osez !

Conclusion

J'ai beaucoup de chance de vivre la vie que je vis. Tous les jours, je me répète cette phrase. Je suis une femme de projets, j'aime le changement et j'aime les nouvelles façons d'aborder des sujets qui me tiennent à cœur. Mon engagement pour la mixité au sein des entreprises et pour la cause des femmes dans le milieu professionnel reste une priorité.

Pour la première fois en 2023, le forum Femmes&Challenges s'est déroulé à Caen et le réseau continue de s'agrandir avec des Normandes à Paris qui ont lancé le premier café Femmes&Challenges dans la capitale. Malgré les belles avancées de ces dernières années, je ne pense pas que la France soit prête à se passer de ce type de réseau. D'ailleurs, pour qu'il perdure et continue d'être aussi impactant, comme n'importe quel réseau, il est important de faire évoluer aussi sa gouvernance. J'ai donc décidé de quitter la présidence et de confier ce réseau à Audrey, dirigeante avec son mari d'une belle PME normande. Elle a accepté de reprendre le flambeau pour continuer cette action d'intérêt général si importante. Je ne préside donc plus ce réseau que j'ai fondé et dont je suis extrêmement fière, mais ce n'est pas pour autant que mon engagement pour les femmes dans le milieu professionnel s'arrête là.

Cette année et pour celles à venir, l'un de mes souhaits est de voir le système évoluer dans sa globalité, car oui, je suis convaincue que plus de femmes en responsabilités est une bonne chose pour notre société. Bien évidemment, pour cela nous avons besoin de faire bouger les lois. Il y a trois ans, j'ai invité une cinquantaine de femmes politiques, de tous partis, à une réunion en visio. Quinze ont accepté l'invitation : des députés, des sénatrices, des adjointes au maire, des vice-présidentes de conseil départemental et régional… Pour introduire cette réunion, je leur ai dit qu'il fallait que nous soyons réunis au-dessus des étiquettes partisanes pour faire avancer la cause des femmes : « Vous êtes des rôles modèles, mesdames. Il va falloir que vous défendiez les femmes dans les entreprises, les femmes dirigeantes, les femmes entrepreneures. » Comme à mon habitude, j'ai commencé cette réunion par un tour de table. La première explique que ce n'est pas un sujet pour elle, la seconde ne comprend pas pourquoi son parti est sous-représenté à cette réunion, et la troisième partage son expérience « rendez-vous compte qu'au sein de mon institution, il n'y avait pas de toilettes pour femmes il y a quinze ans ». À partir de là, les langues se sont déliées, chacune y est allée de son anecdote personnelle. Je pense que ces femmes politiques ont besoin de soutien et d'entraide, le monde politique est d'une violence inouïe, beaucoup plus que ce que j'ai pu constater pour les femmes dans l'entrepreneuriat. J'ai donc à cœur de les soutenir pour qu'elles puissent elles-mêmes faire du lobbying et travailler en réelle collaboration au service des femmes dans le monde professionnel. Au terme de cette réunion en visio, nous avions défini plusieurs actions, il est temps qu'elles soient mises en place concrètement et je vais m'y atteler. J'ai aussi envie de m'investir pleinement dans le parcours de formation de La Grande École, pouvoir transmettre l'audace d'entreprendre et la confiance en soi, mes sujets de prédilection.

J'entreprends depuis plus de trente ans et je n'ai pas l'intention de m'arrêter là ! Pour une hyperactive comme moi, le mot « retraite » n'est pas à l'ordre du jour. Cela dit, j'envisage de travailler un peu moins, en tout cas de m'organiser différemment, peut-être de passer davantage de temps au Maroc où je me sens si bien. Tant que mon corps et ma tête me permettront de créer de nouveaux projets, je le ferai et j'espère garder cet état d'esprit, cette positivité que je vous souhaite à tous, dans votre vie professionnelle et personnelle.

Remerciements

de Léa Lassarat

À Didier, mon mari, je te remercie de tout cœur de me soutenir dans mes projets et de me challenger depuis toujours. Ce livre, c'est ton idée. À Maman, mon rayon de soleil, merci de ton optimisme sans faille qui me porte au quotidien. À Rebecca, César, Victoire, mes chers enfants, merci de me donner votre avis, de croire en moi, de m'encourager.

d'Amélie Bonté

Merci Léa de ta confiance et de ta sincérité pour ce projet si challengeant ! Quelle belle aventure pendant ces deux années et que d'échanges qui m'ont moi-même inspirés.

Retrouvez-nous sur les réseaux sociaux :

City éditions

www.city-editions.com
@cityeditions
www.facebook.com/cityeditions/
@CityEditions
@cityeditions

Achevé d'imprimer en mai 2024
sur les presses de la Nouvelle Imprimerie Laballery
58500 Clamecy
Numéro d'impression : 404502

Imprimé en France

La Nouvelle Imprimerie Laballery est titulaire de la marque Imprim'Vert®